Serena Rust

Giraffentango

Lob des Tanzes

Ich lobe den Tanz,
denn er befreit den Menschen
von der Schwere der Dinge,
bindet den Einzelnen zur Gemeinschaft.

Ich lobe den Tanz,
der alles fordert und fördert:
Gesundheit und klaren Geist
und eine beschwingte Seele.

Tanz ist Verwandlung
des Raumes, der Zeit, des Menschen,
der dauernd in Gefahr ist,
zu zerfallen, ganz Hirn, Wille
oder Gefühl zu werden.

Der Tanz dagegen fordert den ganzen Menschen,
der in seiner Mitte verankert ist,
der nicht besessen ist von der Gier
nach immer mehr oder gefangen vom Dämon
der Selbstsucht im eigenen Ich.

Der Tanz fordert den befreiten,
den beschwingten Menschen
im Gleichgewicht aller Kräfte.

Ich lobe den Tanz!

O Mensch, lerne tanzen,
sonst wissen die Engel im Himmel
mit dir nichts anzufangen!

Augustinus von Hippo

Serena Rust

GIRAFFENTANGO

Selbstbewusste Kommunikation
in der Partnerschaft

Koha-Verlag GmbH Burgrain
Alle Rechte vorbehalten
1. Auflage 2011
Lektorat und redaktionelle Mitarbeit: Nayoma de Haën
Umschlaggestaltung: Guter Punkt, München | www.guter-punkt.de
Umschlagmotiv: Hemera über Thinkstock
kleine Tangopaare innen: shutterstock
Satz: Sabine Zels, Guter Punkt, München
Gesamtherstellung: Karin Schnellbach
Druck: CPI Moravia

ISBN 978-3-86728-155-3

...als Wiege des Herzens

Inhalt

Vorwort

Mit großer Freude habe ich dieses Buch gelesen und bin sehr berührt, dass ich ein Vorwort dazu schreiben darf.

Als ich die Gewaltfreie Kommunikation kennenlernte, spürte ich, dass es genau der richtige Ansatz für mich ist, mir über meine innere Haltung klar zu werden, die eine entscheide Rolle dabei spielt, ob mir eine authentische und wertschätzende Kommunikation gelingt. Die Symboltiere Wolf und Giraffe hatten mich bisher auf dem Weg der Selbstklärung sehr unterstützt. Dennoch blieb in mir etwas unerfüllt. Das Buch »Giraffentango« hat mich sehr begeistert, da es mir eine neue Sichtweise anbot, die mir in anderen Büchern bisher fehlte. Mit der Einladung des Schafs als weiteres Symboltier entstand ein innerer Tanz der Giraffe mit wechselnden Tanzpartnern; mal tanzte sie staccato mit dem Wolf, mal im sanften Wiegeschritt mit dem Schaf. Diesen Schritten folgend, tanzte ich in eine Landschaft hinein, in der ich meinem Innersten immer näher kam.

Für mich hat Serena Rust mit dem Schaf eine Lücke geschlossen. Die vielen direkten Dialoge in dem Buch, in einem herzerfrischend humorvollen Schreibstil, zeigten mir sehr anschaulich und nachvollziehbar, in welcher Weise die Symboltiere zur Klärung meiner Konflikte hilfreich sind. Insbesondere das Schaf unterstützte mich dabei, manches

noch in mir diffus Wahrgenommene zu erhellen, ja zu »entmischen«. Die »radikale Selbstverantwortung« für das, was in mir lebendig ist, führte mich gleichzeitig in die Freiheit der Wahlmöglichkeiten.

Mir gefällt auch der Aufbau des Buchs, der sowohl für Netzfellgeübte als auch Neulinge gleichermaßen zur Konfliktklärung unterstützend sein kann. Denn die Klarheit, die ich durch das Schaf gewann, half mir sehr dabei, um in Momenten stürmischer Gefühle geistesgegenwärtig in meiner Kraft zentriert zu bleiben und dem Aufruhr in mir standzuhalten. Weil der Wolf aufhört, das Schaf zu beißen, und dabei die inneren Saboteure befriedet werden, beendet dieser Ansatz die innere Gewalt.

Die neu gewonnene Präsenz, die diesem Giraffengeist innewohnt, hat nun auch in meine Paarbeziehung Einzug gehalten und sie nachhaltig verändert. Die dabei gewonnene Qualität von Vertrautheit, Nähe, Intimität ist für mich eine von Herzen berührende, ja beseelende Erfahrung, für die ich zutiefst dankbar bin. Und dies ist für mich eine fundamentale Qualität, die uns in stürmischen Zeiten trägt.

Christine Reulbach

»Das ist das Schwerste,
was das Leichteste dir dünket,
mit den Augen zu sehen,
was vor den Augen dir liegt.«

Johann Wolfgang von Goethe

Dieses Buch ist eine abenteuerliche Reise, eine Forschungsexpedition in das aufregendste und schwierigste Gelände, das ich kenne. Es ist kein Ratgeber einer seit vielen Jahren in einer stabilen Beziehung lebenden Frau und Partnerin. Im Gegenteil. Partnerschaft war und ist für mich der turbulenteste Schauplatz meines Lebens. Ich habe eine ganze Reihe von Partnerbeziehungen durchlebt, dabei auch Hochzeit gefeiert, mich scheiden lassen und meine beiden wundervollen Söhne Leander und Timarian ins Leben begleitet. In diesem Sinn bin ich zu einer »Beziehungsexpertin« geworden.

Meinem heutigen Partner Beat bin ich vor zwei Jahren begegnet. Mit der Kraft eines Tropensturms haben wir uns auf Bali während einer Urlaubsreise verliebt. Die stürmischen Vorzeichen unseres Kennenlernens haben sich bis heute bestätigt. Noch lebt Beat in der Schweiz und ich in der Nähe von Frankfurt. Wir können sehr innig und genussvoll in gemächlichem Tempo in unserem Beziehungsboot dahingleiten, doch der ruhige Strom kann sich auch jäh in ein tosendes Wildwasser verwandeln, mit Untiefen, Stromschnellen, Strudeln und Wasserfällen, in denen unser Beziehungsboot leckschlägt, kentert oder gar eine Weile kieloben treibt. Wie sagt Dag Hammarskjöld so schön: »Schiffe liegen am ruhigsten im Hafen – aber dafür sind sie nicht gebaut.« Insofern ist es kein Buch von einem Profi für Laien. In Wind und Wetter bin ich deine Weggefährtin.

Das Thema dieses Buches ist die Kommunikation in der Partnerschaft, die Art, wie wir miteinander das Sprechen und besonders das Zuhören neu entdecken können. Wenn wir die Hintergründe unserer Kommunikationsprobleme erforschen, wird jedoch auch offenbar, welche kraftzehrende, zermürbende Gewaltherrschaft in uns selbst steckt. Letztlich geht es mir darum, wie wir auch in all den giftigen Verurteilungen, Vorwürfen und Beschuldigungen, mit denen wir uns selbst und unsere Liebsten bedenken, die Kraft des berührbaren Wesens wiederfinden können, das wir in der Tiefe sind – um uns darin offen und liebevoll zu begegnen.

Genauso unbändig wie meine Sehnsucht nach einer von Liebe erfüllten Partnerschaft ist mein Wunsch nach Freiheit, Leichtigkeit und Frieden. Insofern erzähle ich hier zwar viel von Sprache und Kommunikation, doch eigentlich geht es mir um das geheimnisvolle Reich hinter den Worten, von dem unsere Sprache nur Ausdruck ist.

Die Fähigkeit, in meiner eigenen Achse zentriert zu sein und mich gleichzeitig feinfühlig auf meinen Partner zu beziehen, prägt die Bewegungen beim argentinischen Tango. Tango tanzen bedeutet für mich, die eigenen Impulse und die des Partners aufzunehmen, geschmeidig darauf einzugehen, sie umzusetzen, mich davon leiten oder inspirieren zu lassen, die eigenen Figuren zu tanzen – und bei alledem immer in meiner Mitte zu bleiben. Diese Qualitäten haben mich zum Titel dieses Buches inspiriert: Kommunikation in der Paarbeziehung als ein fein aufeinander bezogener Tanz von Sprechen und Zuhören, bei dem jeder ganz bei sich ist und zugleich in feinfühliger Verbindung mit dem anderen, und in dem wir uns in Offenheit und Vertrauen miteinander bewegen.

Dieses Buch enthält das »Fünkchen Wahrheit«, wie mein Sohn Leander es kürzlich nannte, das aus der Reibungswärme meiner intensiven Beschäftigung mit diesem Prozess immer wieder hervorgeschlagen ist. Es birgt die Essenz, den Extrakt, die Schatzkarte hin zu einer Liebe, die viel unmittelbarer, kraftvoller, tiefer und direkter ist, als wir sie uns in romantischen Fantasien und Sehnsüchten erträumen.

Diese Liebe lebt aus der Begegnung, aus einer Begegnung mit offenen Augen und offenem Herzen. Manchmal ist sie sanft, warm und nährend, ab und zu fordert sie uns bis an unsere äußersten Grenzen, wenn wir darum ringen, uns aus dem eisernen Griff blinder Mechanismen und Muster zu lösen. Doch selbst wenn uns darüber zuweilen das Herz bricht, offenbart es in seinem Innersten doch nichts anderes als ungebrochene Liebe. Wenn ich mir dies bewusst mache, atme ich tief durch und meine Brust wird weit.

Der Weg hinein in diese Liebe, auf dem wir in diesem Buch wandern werden, ist der Weg der Sprache.

Wenn wir die Art, wie wir in der Partnerschaft miteinander sprechen und einander zuhören, erforschen, wird offenbar, welche kraftzehrende Gewaltherrschaft in uns selbst steckt.

1. WO SPIELT DIE MUSIK? – DER DURCHBRUCH ZUM DU

»Liebe deinen Jetzigen
und nicht erst deinen Nächsten.«

Julian Tuwim

Kennst du das Gefühl schmerzhafter Ohnmacht, das entsteht, wenn du mit aller Kraft versuchst, deinem Partner verständlich zu machen, wo dich der Schuh drückt, und nicht ankommst? Wenn deine Partnerin einfach nicht versteht, was du meinst und wie es dir geht?

Für mich ist dieses Abprallen an einer tauben Wand immer wieder eine der verzweifeltesten Erfahrungen meiner Partnerschaften gewesen. Dieses Buch ist nicht zuletzt ein Zeugnis meines Ringens um Auswege aus dieser Ohnmacht und mein Plädoyer dafür, dass es gelingen kann – dass die Liebe nicht immer wieder im sumpfigen Gelände misslingender Verständigung zu versinken braucht und die Paarbeziehung nicht zu einer Paarbedrückung werden muss.

Wenn Paare zu mir ins Coaching kommen, höre ich immer wieder: »Meine Frau (mein Mann) versteht mich einfach nicht. Wenn ich es ihr (ihm) nur begreiflich machen könnte, worum es mir geht, würde sie (er) sich sicher ändern und wir könnten wieder miteinander glücklich sein! Wie kann ich ihr (ihm) das beibringen?«

Zuckst du jetzt innerlich mit den Schultern, weil du glaubst, wir können unsere Partner nicht ändern? Nun, ich meine durchaus, dass es geht! Allerdings erfordert das eine kleine Forschungsexpedition. Sie führt uns zunächst in die unsichtbare, geheimnisvolle Welt des Hörens. Hier habe ich den verborgenen Eingang zu der Quelle gefunden, mit der wir so Einfluss nehmen können, dass sich unsere Partner verändern. In diese Welt möchte ich dich jetzt einladen.

Bist du bereit?

Ganz Ohr!

Hören wir überhaupt zu? Häufig nicht. Wir tun nur so, als ob. Vielleicht erwecken wir äußerlich den Anschein, indem wir nicken, »Hm!« brummen oder »Ja!« sagen, aber innerlich sind wir ganz woanders.

Eva ist auf einem Seminar und telefoniert abends mit Ernst, der zu Hause ist.

Eva: »Ich war vorhin spazieren und habe im Feld so wunderschöne Blütenbäume gesehen, weiße Kirschen und rosafarbene Pflaumen. Eine überquellende Pracht! So leicht und luftig und zart. Dazu ein laues Lüftchen auf meiner Haut. Ich habe mir so gewünscht, du wärst auch hier.«

Ernst: »Hier ist auch was los. Der morgige Tag hat es echt in sich. Ich muss morgen früh um sieben aufstehen, weil um halb acht der Handwerker für die Heizung kommt, vormittags habe ich eine Sitzung beim Bauamt und zum Mittagessen werde ich bei meiner Mutter erwartet.«

Eva verstummt. »Abgelöscht!«, sagen die Schweizer dazu treffend. Sie wollte ihre beglückende Erfahrung so gerne mit ihrem Liebsten teilen. Aber der ist derart mit Eigenem beschäftigt, dass er es gar nicht merkt.

Statt »Meine Partnerin versteht mich nicht« könnten wir auch sagen: »Meine Partnerin hört mir nicht zu«, oder: »Mein

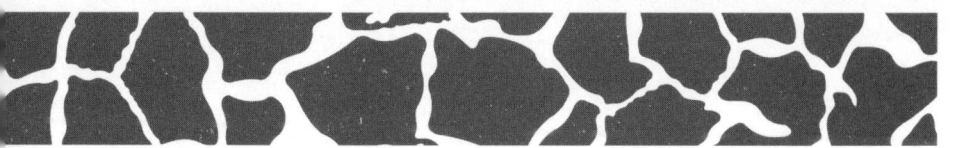

Partner nimmt mich nicht wahr«, »Mein Partner nimmt mich nicht ernst.« Genau genommen heißt das: »Mein Partner (meine Partnerin) hört nicht, was ich von mir mitteilen will.« Solche Sätze sind wie Mauern, hinter denen sich die ganze Not eines zutiefst unerfüllten Bedürfnisses nach Verbindung aufgestaut hat, und Ausdruck von schmerzhafter Isolation.

Es gibt eine Kommunikationsübung, bei der die ganze Aufmerksamkeit auf dem Zuhören liegt. Immer wieder sind viele Menschen dabei überrascht, wie schwer ihnen das fällt. Meistens hören wir weniger zu, um unser Gegenüber zu verstehen und Anteil zu nehmen, sondern um zu antworten. Wir sind auch beim Hören auf Sendung statt auf Empfang! Ich bin jedoch in der Kommunikation nicht nur für das verantwortlich, was ich sage, sondern auch für das, was ich höre. Genauer gesagt: *wie* ich höre! Auf welcher Frequenz sozusagen.

»Einfühlung« heißt das Zauberwort. Einfühlsames Zuhören bedeutet: Ich lasse meine Reaktion zunächst außen vor und stelle mich ganz auf »Aufnahme« ein. So hat die kleine Momo aus dem berühmten gleichnamigen Buch von Michael Ende zugehört, von der es heißt: Sie konnte so zuhören, dass Dumme gescheit wurden.

Dass ich auch auf die Qualität meines Zuhörens Einfluss habe und sie bewusst gestalten kann, ist für mich das tiefste, herausforderndste, aber auch beseligendste Abenteuer der Selbstbewussten Kommunikation.

Ich bin in der Kommunikation nicht nur für das verantwortlich, was ich sage, sondern auch für das, was ich höre.

Lauschangriff

Wenn wir nicht völlig abgelenkt sind, können wir meistens recht gut wiedergeben, was uns jemand gesagt hat. Wir haben es gehört – aber haben wir auch zugehört? Oft bleibt unklar, ob wir gerade innerlich offen, interessiert und zugewendet anwesend sind. Doch wenn uns jemand zuhört, ohne innerlich ganz dabei zu sein, fühlen wir uns nicht warmherzig aufgenommen. Wir spüren, dass dieses Zuhören eine äußere Geste ist, der das innere Mitfühlen fehlt. Wir vermissen die echte menschliche Anwesenheit unseres Partners, die wir brauchen, um uns anzuvertrauen. Erst die menschliche Gegenwärtigkeit macht aus einem Gespräch den Tanz einer lebendigen Begegnung.

Das heißt: Um zu erfahren, was der andere von sich mitteilen will, muss ich mich zunächst entscheiden, zuzuhören. Ich brauche die klare Absicht: »Ich möchte wissen und mitfühlend Anteil nehmen, wie es dir geht, wie du dich fühlst, was dir wichtig ist, was du denkst, glaubst und dir wünschst.« Zuhören geschieht nicht von selbst. Seine Qualität ist abhängig von meiner Persönlichkeit, von unserer Beziehung – aber vor allem von meiner Absicht. Wenn mein Zuhören im warmen, freundlichen Licht herzlicher Zuwendung steht – ich nenne es »im Ja-Zustand sein« –, will ich wirklich verstehen, wie sich der andere gerade fühlt, was er glaubt und was er wohl braucht. Ich bin nicht schon damit beschäftigt, ihm zu widersprechen oder seine Äußerung »richtigzustellen«, weil ich vielleicht eine andere Auffassung habe. Es ist eine weit verbreitete Neigung, dass wir unsere eigene Meinung »richtiger« – statt schlichtweg anders – finden. Und schon beginnt das aufreibende Ringen, wer denn nun recht hat.

Wenn ich wahrhaftig zuhöre, interessiert es mich zunächst nicht, wer recht oder unrecht hat. Ich will zuerst wissen, wie mein Partner etwas meint, dann kann ich immer noch herausfinden, unter welchen Umständen er recht hat. Ich kann meine Wahrnehmung der Situation erweitern und Informationen dazugewinnen, die ich bisher nicht im Blick hatte. Manchmal ist uns zunächst nur diffus bewusst, was in uns los ist, und dieser innere Nebel wird durch Verurteilungen und Beschuldigungen nur noch undurchdringlicher. Der offenherzige Ja-Zustand bildet das wohlige Klima, in dem ich meine Gefühle und Bedürfnisse ergründen und dem anderen mitteilen kann.

In einem gleichermaßen gelassenen wie engagierten Klärungsprozess haben wir die Chance, zu entdecken und aufzunehmen, was in uns selbst und im anderen los ist, worum es uns jeweils geht und was alles mit hineinspielt in unsere aktuelle Erfahrung. Wenn das gelingt, entsteht ein fühlbarer Quantensprung von Verbundenheit und Vertrauen. Dann können unsere beiden jeweils subjektiven Sichtweisen nebeneinanderstehen wie verschiedene Farben, die einen reizvollen Kontrast bilden. Und ich gewinne eine umfassendere, tiefere Wahrnehmung der Situation, die meine ursprüngliche Sichtweise »von innen heraus« verändert.

Zwei Schüler eines alten Meisters hatten eine Auseinandersetzung über den wahren Weg zu Gott. Der eine war der Meinung, dieser Weg sei eine Frage von Mühsal und Kraft.

»Du musst dich selbst ganz und gar und mit aller Mühe dem Weg des Gesetzes verpflichten!« meinte er.

Der andere bestritt dies. »Es geht überhaupt nicht um Anstrengung. Das würde nur das Ego unterstützen. Nein, es ist reine Hingabe: Nicht mein Wille geschehe, sondern der Deinige.«

Keiner konnte den anderen von der Richtigkeit der eigenen

Sichtweise überzeugen, und so gingen sie zu ihrem Meister. Dieser hörte zu, als der erste Schüler den Weg der Mühe aus vollem Herzen pries, und als der Schüler ihn fragte, ob dies der rechte Weg sei, antwortetet der Meister: »Du hast Recht!«

Der zweite Schüler war sehr aufgebracht und reagierte mit einer redegewandten Rechtfertigung des Weges der Hingabe und des Loslassens.

Als er mit der Frage: »Ist dies nicht der wahre Weg?« *seinen Vortrag beendete, antwortete der Meister:* »Du hast Recht!«

Ein dritter Schüler, der dabeisaß, meinte: »Aber Meister, sie können doch unmöglich beide Recht haben?!«

Der Meister lächelte und sagte: »Du hast Recht!«

aus: Martin Buber und Paul Mendes-Flohr:
Hundert chassidische Geschichten, Manesse, 1996

Um zu erfahren, was der andere von sich mitteilen will, muss ich mich zunächst entscheiden, zuzuhören.

Hörfehler

Die Ursache vieler Missverständnisse liegt in der Differenz zwischen dem, was jemand sagt, und dem, was ich höre. Manchmal fängt es schon auf der akustischen Ebene an. Gibt es in der Beziehung bei dem angesprochenen Thema eine empfindliche Stelle, kann sich ein kleiner Zündfunke schnell zum Flächenbrand ausweiten.

Beim gemütlichen Zusammensitzen auf dem Sofa vor dem Kamin sagt Jana zu Jens: »*Du hast gesagt, du hättest nächstes Wochenende eine Veranstaltung mit einem Konzert. Was für ein Konzert ist das?*«

Jens: »*Ich? Ich habe gesagt, ich gehe zu einem Konzert? Sicher nicht.*«

Jana ist irritiert. »*Och bitte, nicht schon wieder! Letztes Wochenende haben wir über Termine gesprochen, da hast du das gesagt!*« *Ärger flammt in ihr auf. Wahrhaftigkeit und Integrität sind ein wunder Punkt, der in ihrer Beziehung schon öfter Thema war.*

Jens reagiert entsprechend heftig auf ihren Ton. »*Ich? Nie! Jetzt unterstellst du mir wieder so was!*«

»*Du hast gesagt, du hast ein Konzert*«, *hebt Jana beharrlich an, doch nun hält sie inne und sucht nach einer konstruktiven Wendung.* »*Okay, wenn das nicht stimmt, was hast du dann am kommenden Wochenende vor?*«

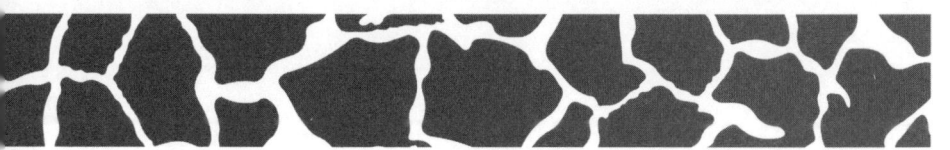

Jens überlegt: »Ich habe eine Versammlung, aber bestimmt kein Konzert! ... Ah, mir dämmert gerade etwas. Vielleicht habe ich gesagt: Ich habe eine Veranstaltung mit einem Konzern.«

Jana atmet erleichtert auf: »Oh, Konzert, Konzern ... Das habe ich wohl missverstanden. Na, da haben wir gerade noch die Kurve gekriegt.«

Abgesehen von den akustischen Missverständnissen hängt meine Reaktion auf eine Äußerung entscheidend davon ab, wie ich das Gesagte »höre« – sprich: wie ich es deute und bewerte. Hören beginnt zwar in meinen Ohren, doch dann landet das, was der andere sagt, in den verschiedenen Landschaften meines Kopfes und entfaltet sich dort. Die Kunst liegt *erstens* darin, es bewusst wahrzunehmen, und *zweitens*, mich zu entscheiden, wie ich damit weiter umgehe. Schwinge ich mich damit aufs Tanzparkett, steige ich in den Boxring oder ziehe ich mich auf meine innere einsame Insel zurück? In diesen beiden Punkten liegt ein wesentlicher Teil der Freiheit, die ich meine.

Kennst du »Ataka«? Es ist ein Spielzeug aus meiner Kindheit, ein Lederkissen, an dem oben ein Busch farbiger Federn befestigt ist. Man schlägt es mit dem Handballen in einem eleganten Bogen zum Spielpartner hinüber, der es seinerseits zurückschlägt.

Wenn die Verständigung nicht klappt, ist es gerade so, als würden wir dieses hübsche bunte Federspiel auf den Weg zum anderen schicken – doch der andere sieht einen spitzen Pfeil auf sich zuschießen. Er bekommt einen Schreck, wird wütend, will sich schützen und schleudert den vermeintlichen Pfeil zornig aufgeladen zurück. Da ich nichts von der Verwandlung meiner federbeschwingten »Ataka« mitbekommen habe, bin ich völlig überrumpelt. Vielleicht sehe ich jetzt nicht nur einen Pfeil, sondern gleich eine Kanonenkugel auf mich zurasen. Je nach Temperament und Persönlichkeitsstruktur erstarre ich vor Schreck, ergreife die Flucht oder gerate ebenfalls in Harnisch: »Was bildet der sich ein? So eine Unverschämtheit! Das lasse ich mir nicht bieten!« Ich ziehe nun meinerseits das Schwert – und schon stecken wir mitten im Schlachtgetümmel.

Wenn wir den Eindruck haben, unser Gegenüber verstehe uns nicht, denken wir meist zunächst, wir hätten uns nur nicht klar genug ausgedrückt. Wir holen noch einmal weiter aus, oft wortreicher, eindringlicher, nachdrücklicher, lauter ... Der andere kann uns allerdings nicht hören, weil etwas ganz anderes bei ihm ankommt als das, was wir sagen wollen.

Während ich mir das klarmache, erwacht mein verstärktes Interesse daran, wie meine Worte in der Welt des anderen ankommen – und umgekehrt seine bei mir. In welcher Welt, in welcher Landschaft lebt mein Gegenüber gerade? Klingt seine eigene Musik vielleicht viel lauter als die Melodie, die von mir kommt? Oder rauscht meine Rede sogar völlig an ihm vorbei?

Die Ursache vieler Missverständnisse liegt in der Differenz zwischen dem, was jemand sagt, und dem, was ich höre.

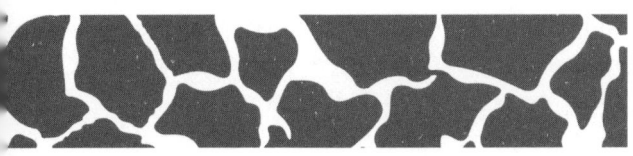

Hellhörig

Wenn wir das Gefühl haben, bei unseren Partnern nicht ganz »anzukommen«, liegt es häufig an der fehlenden fühlenden Resonanz. Vielleicht sagen sie zwar: »Ich verstehe dich«, womöglich können sie sogar die Worte wiedergeben, die wir gerade gesprochen haben – trotzdem fühlen wir uns nicht »verstanden«. Genauer gesagt fühlen wir uns nicht »gefühlt«. Es geht um den Unterschied zwischen »Zur-Kenntnis-Nehmen« und einem vollständigeren, auch die Gefühle einbeziehenden »Anteilnehmen«. Denn ich fühle mich erst dann richtig wahrgenommen und »verstanden«, wenn das, was ich sage, in meinem Partner merklich etwas berührt.

Wirklich zuhören heißt, zu einem Resonanzraum zu werden, der lebendig mitschwingt mit dem, was jemand von seinem Erleben erzählt.

Meinem Klienten Karl wurde das leider erst nach der Trennung von seiner Frau allmählich bewusst. Bei der Aufarbeitung im Coaching sagte er: »Mir ist klar geworden, dass ich vermutlich gar nicht ermessen habe, was meiner Frau in unserer Beziehung gefehlt hat. Denn ich habe ja nie am eigenen Leib erfahren, wie es ist, immer wieder an einen Eisklotz zu stoßen, so wie sie das oft beschrieben hat.«

Viele Männer tun sich häufig zunächst etwas schwerer, ihre Gefühle bewusst wahrzunehmen. Ich kenne die Argumente der unterschiedlichen Geschlechterkommunikation. Und ich kenne die Forschungsarbeit des Gehirnforschers Professor Joachim Bauer von der Uni Freiburg, dem zufolge die »Fühl-Areale« in männlichen Gehirnen genauso aktiv sind wie in weiblichen – nur ist die Aufmerksamkeit vieler Männer nicht darauf gerichtet. Sie fühlen, aber sie merken es nicht! Männer brauchen insofern zwar oft mehr Zeit und Übung, um die ungewohnte Wahrnehmung ihrer Gefühle aus dem Dornröschenschlaf zu wecken und zu kultivieren – »Hardwarenachteile« gibt es aber keine. Gute Nachrichten, oder?

Dass es so ist, heißt auch nicht, dass es so bleiben muss. Ich begleite immer wieder Männer im Coaching und Training, die zunächst ein eher vages Empfinden haben, dass ihr Leben emotional schwungvoller sein könnte, und die sich diese Saftigkeit gern (zurück)erobern wollen. Das ist der Beginn eines zutiefst transformierenden, lohnenden Entwicklungsweges.

Das bestätigt auch Rolf, ein Teilnehmer unseres Jahrestrainings. Er sagt:»Als ich hier anfing, hatte ich kaum Optionen. Wenn mich meine Frau Lena fragte, wie es mir geht, antwortete ich: ›Gut‹, oder: ›Schlecht.‹ Als wir dann hier das Training anfingen, habe ich mich mit der Liste der Gefühlsworte hingesetzt. Ich bin sie durchgegangen und habe immer wieder nachgespürt, ob ich innerlich eine Resonanz kriege. Das hat eine Weile gedauert, aber inzwischen geht's ganz gut. Und Lena findet es klasse. Ich sag jetzt auch nicht mehr einfach: ›Ich versteh dich.‹ Ich zeige ihr, dass ich wirklich spüre, wie sie sich fühlt, wenn es zwischen uns klemmt.

Letzte Woche zum Beispiel war sie mit auf unserem Konzert [Rolf ist Drummer in einer Rockband], und anschließend ist die ganze Band mit Partnerinnen und Freunden noch einen trinken gegangen. In der Kneipe hat Lena mir irgendwann gesagt, dass sie traurig ist und sich allein fühlt, wenn ich dauernd nur mit anderen quatsche. Früher hätte ich das als Vorwurf gehört, dass ich wieder etwas falsch gemacht habe, und wahrscheinlich dagegengeschossen. Und ich wäre vermutlich recht hilflos gewesen, hätte aber nur ein diffuses ›Schlechtfühlen‹ mitbekommen. Im allerbesten Fall hätte ich gesagt: ›Ja, ja, ich versteh dich‹, ihr einen Kuss gegeben, und das wär's gewesen. Durch unser Training bin ich zum einen viel aufmerksamer geworden und habe zum anderen jetzt richtig nachgefühlt. Ich habe mich gefragt: ›Was erzählt mir Lena eigentlich gerade von sich? Und wie fühlt sie sich?‹ Das habe ich dann bei mir ankommen lassen – ohne dass mir mein ›Ich hab was falsch gemacht!‹ gleich die Ohren zugestöpselt hat. Das macht tatsächlich einen Riesenunterschied. Um ihr zu zeigen, dass ich mich in ihre Situation hineinversetze und mich in sie einfühle, habe ich es dann in Worte gefasst. Das zu lernen war auch ein echter Quantensprung für die Qualität unserer Verbindung.

Ich sagte ungefähr: ›Bist du traurig, weil dir die Verbindung zu mir fehlt und du gern mehr Gemeinsamkeit mit mir erleben möchtest?‹

Und Lena antwortete: ›Ja, genau!‹

›Hast du vermisst, dass ich von mir aus auf dich zukomme und dich einbeziehe?‹, fragte ich nach.

›Ja! Ich habe dich am Anfang eine Weile in Ruhe gelassen, weil ich es völlig okay finde, wenn du erst mal mit den Jungs von der Band zusammen bist, aber jetzt möchte ich auch etwas von dir haben.‹

›Danke, dass du das sagst‹, konnte ich ehrlich erwidern. ›Du hilfst mir damit, aus diesem ganzen Palaver herauszukommen.‹

›Oh, das freut mich‹, meinte Lena. ›Jetzt bist du für mich auch viel mehr da. Anwesend! Nicht mehr so mechanisch. Und ich spüre unsere Verbindung.‹

Das tat mir richtig gut, und das sagte ich ihr auch: ›Ich merke gerade, wie berührt ich bin, wenn ich so mit dir fühle. Das ist für mich auch wunderschön. Ich hatte gar nicht gemerkt, wie mir das vorher weggerutscht war. Ich bin sehr gern in dieser warmen Nähe mit dir.‹

Lena war begeistert.«

Den Partner so zu hören, dass er sich gehört fühlt, ist meist keine Sache von vielen Worten oder großen Taten. Eher geht es ums Aufwachen, ums Anwesendsein und um die innere Haltung, die bewusste, interessierte Zuwendung, um Offenheit und Anteilnahme. Das meine ich mit »mitfühlender Resonanz«. Diese innere Verbundenheit ist der nährende Boden, in dem die Fähigkeit, unsere Differenzen wohlwollend herauszufinden, wurzelt und wachsen kann. Dann können wir einvernehmliche Lösungen finden und auch größere Konflikte meistern.

Wirklich zuhören heißt, zu einem Resonanzraum zu werden, der lebendig mitschwingt mit dem, was jemand von seinem Erleben erzählt.

Meine Welt und deine Welt

Zu diesem Resonanzraum zu werden, kann jedoch nur gelingen, wenn die Musik unserer eigenen Gedanken, Gefühle, Wünsche und Ängste nicht so laut in uns dröhnt, dass kaum noch anderes zu uns durchdringt. Ein volles Gefäß kann bekanntlich nichts aufnehmen. Und: Ich muss jetzt erst einmal bewusst wahrnehmen, was in mir los ist!

In dem Beispiel eben hat Rolf seine spontane innere Reaktion – »Ich hab wieder etwas falsch gemacht!« – wahrgenommen und sich nicht davon überrollen lassen. So konnte er sich darauf konzentrieren, was Lena mit ihrer Botschaft wohl ausdrücken wollte, statt mit einem schroffen »Ach, immer dieses Theater!« in die Abwehrreaktion zu gehen. Dann wäre die Verständigung sicher baden gegangen. Wie bei Florian und Fiona:

Florian: »Ich langweile mich, wenn ich am Wochenende so oft alleine bin!«

Fiona: »Kann ich doch nichts dafür, wenn du mit deiner Freizeit nichts anzufangen weißt. Außerdem übertreibst du, du bist ja nur ganz selten allein.«

Fiona hört offenbar nicht, was Florian von sich mitzuteilen versucht, sondern fühlt sich sofort schuldig. Wahrscheinlich schimpft in ihr sofort eine Stimme: »Schäm dich, Fiona, du vernachlässigst deinen Mann! Wenigstens am

Wochenende solltest du dich um ihn kümmern.« Und weil sich das unangenehm anfühlt, wehrt sie es ab, indem sie Florian ins Unrecht setzt. Wenn Florian dann den Fehdehandschuh aufnimmt und sagt: »Natürlich ist das wahr!«, *entbrennt null Komma nix der alte Kampf ums Rechthaben. Oder Fiona sagt:* »Ich merke schon, das führt doch wieder zu nichts. Lassen wir das Thema lieber fallen.«

Funkstille! Frustrierter, eingespielter Kontaktabbruch ...

Kennst du solche Gesprächsverläufe? Genau betrachtet reagiert Fiona mit ihrer Entgegnung auf ihre eigene innere Selbstverurteilung und mischt sie in ihre Antwort hinein.

Um dieser Vermischung des tatsächlich Gesagten und meiner inneren Reaktion darauf zu entgehen, stelle ich mir gern vor, ich begebe mich auf eine Forschungsexpedition. Ich besuche meinen Partner in seiner Welt und bin neugierig, wie es dort zugeht. Ich konzentriere mich darauf, was er mir von sich erzählen will, und trenne meine innere und äußere Reaktion säuberlich davon.

»Wirklich zuhören« heißt, die (innere) Wirklichkeit des anderen mit offenherziger Zuwendung erfahren zu wollen. Das hat mit Lauschen zu tun, mit intuitivem Erfassen und wohlwollendem Aufnehmen. Ich bemühe mich, das innere

Geschehen meines Gegenübers nachzuvollziehen, das in seinen Worten und Gesten, seiner Mimik, Stimme und Tonlage zum Ausdruck kommt. Worte haben für jeden von uns unterschiedliche Bedeutung, inhaltlich und emotional. Ich bewege das Gesagte in meinem Herzen, lasse es in mir klingen, ähnlich wie ich mich als Kunstbetrachterin in ein Gemälde versenke. Ich versuche, die innere Erfahrung des anderen in mir lebendig werden zu lassen. Wenn wir unser Gegenüber mit dieser inneren Haltung aufnehmen, kann eine tiefe Verbindung entstehen. Die Selbstbewusste Kommunikation hat sehr pragmatische Vorschläge dazu, wie uns das gelingen kann.

Ich konzentriere mich darauf, was mir mein Gegenüber von sich erzählen will, und trenne meine innere und äußere Reaktion säuberlich davon.

2. WER TANZT MIT? – VON WÖLFEN, SCHAFEN UND GIRAFFEN

»Es steht uns immer frei,
entsprechend jener Zukunft zu handeln,
die wir uns schaffen wollen.«

Heinz von Foerster

Um uns bewusst zu machen, wie Kommunikation gelingen kann oder scheitert, holen wir uns Unterstützung aus der Tierwelt. In Anlehnung an den amerikanischen Psychologen und Begründer der Gewaltfreien Kommunikation Marshall B. Rosenberg steht dabei der Wolf für verurteilendes Denken und Dominanz und die Giraffe für ganzheitliche Wahrnehmung und Gleichwertigkeit. Ich habe aus dem Wolfspelz noch das Schaf samt seiner Schafssprache herausgeschält und es diesem tierischen Vergnügen hinzugesellt. So wird, was in unseren Gesprächen geschieht, noch greifbarer und transparenter. Das Schaf repräsentiert in diesem Zusammenhang Schuldbewusstsein und Unterlegenheit – das typische Opferlamm. Indem wir uns klar werden, wie sich diese drei in uns zeigen, wird aus unserem Sprechen und Zuhören ein Tanz, ein geschmeidiger, beschwingter »Giraffentango«. Dabei wurzeln unser Zuhören und Sprechen in einer bewussten inneren Haltung. Sie gewinnt ihre Kraft aus Achtsamkeit, Selbstverantwortung, Wertschätzung und Empathie.

Ich möchte dir diese verschiedenen Tanzpartner mit ihrem Sprechen und ihrem Hören gleich vorstellen. Zunächst den Wolf ...

Wolfsgeheul ums Wohnmobil

Marco war den ganzen Tag mit dem gemeinsamen Wohnmobil in der Werkstatt. Als er abends erschöpft nach Hause kommt, sagt er zu Mona:»Du kannst dir nicht vorstellen, was da heute los gewesen ist.«

Mona, mit süffisanter Stimme:»Nein, allerdings nicht! Du hast es ja auch nicht für nötig gehalten, mich anzurufen.«

Marco:»Jetzt stell dich bloß nicht wieder an. Ich habe dich mittags angerufen, aber du warst nicht da. Ich habe dir auf den AB gesprochen, dass es etwas später wird.«

Mona:»Etwas später – das ist doch wohl ein Witz! Später ... Es ist jetzt sieben Uhr und du wolltest mittags zu Hause sein.«

Marco:»Du lieber Himmel, was ist denn schon dabei?! Du machst mal wieder aus einer Mücke einen Elefanten.«

Mona:»Das ist doch gar nicht wahr! Du hast es nicht für nötig erachtet, mich auf dem Laufenden zu halten. Und jetzt tust du so, als wäre gar nichts gewesen. Ich sitze hier und warte, aber dir ist völlig egal, dass ich in der Luft hänge und nicht weiß, was los ist.«

Marco:»Und wie war das, als du kürzlich mit deiner Freundin Sabine in die Sauna gegangen bist und abends zurück sein wolltest?«

Mona:»Das ist doch was ganz anderes!«

Marco:»Das ist genau das Gleiche. Nur dass ich nicht so ein Theater gemacht habe, während dir wie immer nichts

Besseres einfällt, als mit Vorwürfen über mich herzufallen. Das nenne ich einen netten Empfang.«

Mona: »Ha, den hättest du dir leicht ersparen können, wenn du mich informiert hättest.«

Marco: »Ach, rutsch mir doch den Buckel runter!«

Kennst du solche Situationen? Du hast ein Problem, du versuchst, mit deinem Partner darüber zu sprechen, und plötzlich eskaliert das Gespräch zu einem Streit, der immer weiter ausufert. Die Art und Weise, wie ihr miteinander sprecht und einander hört, bringt keine Klärung, sondern feuert den Kampf nur noch an.

Bei allem guten Willen brauchen wir auch Know-how und Fähigkeiten, damit sich unser inniger Wunsch nach Verständigung erfüllen kann.

Kampflustig und selbstgerecht: der Wolf

»Es geht nicht darum, etwas Neues zu sehen, sondern
bei dem, was man sieht, etwas Neues zu denken.«

Arthur Schopenhauer

Mit gesträubtem Nackenfell und in der Wolfssprache
haben sich Mona und Marco gerade angeknurrt. Innerhalb
weniger Minuten sind die beiden in eine Dynamik geraten,
in der sie aggressiv und stur aufeinander losschießen.

Als Wolf weiß ich immer genau, was richtig oder falsch
ist, und bin davon überzeugt, dass meine Sichtweise objektiv
richtig ist. Ich habe »die Wahrheit gepachtet«. Wolfssprache
ist auf Dominanz ausgerichtet. Die Kritik am anderen dient
nach Überzeugung des Wolfes nur der Bewusstwerdung und
Entwicklung des Gegenübers. Um meiner Sichtweise als
Wolf den nötigen Nachdruck zu verleihen, drohe ich auch
mal mit Konsequenzen. Zuckerbrot und Peitsche, Belohnung
und Strafe sind in meiner Wolfsperspektive geeignete Mittel, um mich durchzusetzen.

Die Wolfssprache beherrschen wir automatisch. Genau genommen beherrscht sie uns! Sie ist die kulturelle
Mutter- und Vatersprache, mit der wir aufgewachsen sind.
Sie hat unser Denken von klein auf geprägt und wir haben
sie nach und nach übernommen.

In meiner Wolfseite dominiert das Denken und vor allem das Urteilen. Was sonst noch in meinem Inneren vor sich geht, weiß ich als Wolf nicht so genau. Gefühle sind mir suspekt, denn ich befürchte, dass ich durch sie die Kontrolle verlieren und nicht mehr zuverlässig funktionieren oder mich gar lächerlich machen könnte.

In der Wolfswelt glaube ich, der Schokoladenkuchen sei zu klein, als dass alle nach Herzenslust etwas davon bekommen könnten. Ich lebe in einem Bewusstsein des Mangels und stehe mit den anderen in Konkurrenz. Da ich als Wolf natürlich zu den Siegern gehören will, bin ich bereit, mit allen Mitteln dafür zu kämpfen. Zum Beispiel indem ich darauf beharre, recht zu haben. Natürlich habe ich recht – und der andere liegt falsch: Wenn er das nur einsehen würde, wären diese unerfreulichen Auseinandersetzungen völlig überflüssig und unsere Beziehung könnte friedlich und harmonisch sein.

»Recht haben« ist in der Wolfswelt vor allem deshalb so wichtig, weil ich mich dann unabhängig und sicher fühle. Als Wolf glaube ich selbstverständlich, dass auch der andere siegen will. Also misstraue ich ihm, bin auf der Hut und nehme mich in Acht. Lösungen, bei denen beide gewinnen, liegen außerhalb meines wölfischen Horizontes.

Wölfische Ausdrucksweisen sollen in Wortwahl, Tonfall, Mimik und Körperhaltung einschüchtern und bedrohlich wirken. Darauf reagiert der andere häufig, indem er mit gleicher Münze zurückzahlt, nach dem Motto »Angriff ist die beste Verteidigung« – und schon geraten wir in den Strudel von Angriff und Gegenangriff, von Rechtfertigung, Vorwürfen, Beschuldigungen, Unterstellungen und Drohungen, wie wir es bei Mona und Marco gerade erlebt haben.

Zwar versuche ich auch als Wolf, dem anderen zu sagen, wie es mir geht und was ich brauche. Aber ich verpacke es in so stachelige Äußerungen, dass mein eigentliches Anliegen nur sehr schwer spürbar ist. Der Versuch, mich mitzuteilen, eskaliert dann oft in einen nervenaufreibenden, unfruchtbaren Streit oder endet in einer Sackgasse aus Ohnmacht und Wut.

Hast du inzwischen den einen oder anderen Wolf in deiner Umgebung identifiziert? Jemanden, der mit Verurteilungen und Beschuldigungen schnell bei der Hand ist und der dabei seine Maßstäbe für objektiv gültig hält? Oder bist du gar selbst einer? Du erkennst den Wolf häufig an den unzähligen Varianten von »Du bist schuld!«, »Du hast es falsch gemacht!« oder »Du bist nicht richtig!«.

Der Wolf denkt und spricht aber nicht nur, er hört auch – das heißt, was er hört, deutet er in seinem Sinn.

Angenommen, mein Partner sagt zu mir: »Für Hinz und Kunz hast du Mitgefühl, aber nie für mich! Wie es mir geht, ist dir egal!«, und meine Wolfsohren schnellen automatisch hoch, dann platze ich (als Wolf) giftig heraus: »Dazu müsstest du erst mal Gefühle haben!«

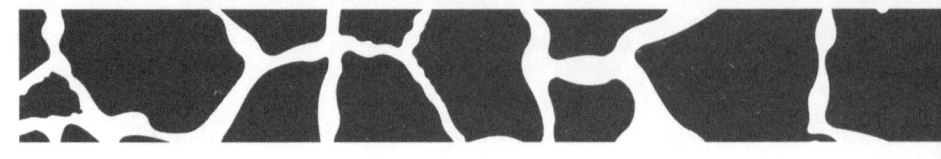

Wenn ich in meinem Wolfsdenken bin, sehe ich meinen Partner als Feind und deute seine Äußerung als Angriff. Meine Grundhaltung ist: »Du bist nicht okay!«, und ich schalte auf Kampf, nach dem Motto »Angriff ist die beste Verteidigung«. Ein wesentliches Merkmal der Wolfsohren ist die automatisierte, blitzschnelle, blinde Reaktion. Energie und Aufmerksamkeit sind gegen den anderen gerichtet, es fehlt sowohl die Offenheit, ihn verstehen zu wollen, als auch die Souveränität, das eigene Anliegen in Ruhe zu vertreten.

Wolfssprache ist auf Dominanz ausgerichtet.

Treuherzig und
schuldbereit: das Schaf

»Man muss eigenen Wert haben, um fremden willig und
frei anzuerkennen.«

Arthur Schopenhauer

Doch manchmal läuft es anders und der Wolf trifft auf
jemanden, der ihm glaubt und seine Bewertungen und Anschuldigungen für bare Münze nimmt. Wer bezieht diese
negativen Botschaften auf sich? Das Schaf!

Wenn es dem anderen schlecht geht oder wenn etwas
schiefläuft, glaubt es, daran schuld zu sein, weil etwas mit
ihm nicht in Ordnung sei. Es schämt sich leicht, fühlt sich oft
verlassen, ausgeschlossen, ängstlich, ohnmächtig, hilflos
und orientierungslos. Es ist überzeugt, in vielerlei Hinsicht
nicht gut genug, unterlegen, unwichtig, unbeachtet und un-
erwünscht zu sein; es glaubt, zu stören und anderen zur Last
zu fallen. Seine grundsätzliche Überzeugung, den Menschen,
Umständen und dem Leben ausgeliefert zu sein, macht es oft
hilflos und handlungsunfähig.

Würde Marco in der Begegnung mit Mona als Schaf
reagieren, könnte sich der folgende Dialog entspinnen:

*Marco: »Du kannst dir nicht vorstellen, was da heute los ge-
wesen ist.«*

Mona, mit süffisanter Stimme: »Nein, allerdings nicht! Du hast es ja auch nicht für nötig gehalten, mich anzurufen.«

Marco bekommt sofort ein schlechtes Gewissen. Er denkt, er hat etwas falsch gemacht, und beginnt, sich zu entschuldigen und zu rechtfertigen: »Ich konnte nichts dafür. Der Akku meines Handys war leer. Außerdem war so ein Betrieb in der Werkstatt. Da konnte niemand einen klaren Gedanken fassen.«

Mona: »Ach ja, du kannst mal wieder nichts dafür. So ein Quatsch! In der Werkstatt gibt es schließlich auch ein Telefon. Du wolltest mittags zu Hause sein, und jetzt ist es sieben Uhr abends!«

Marco: »Ja, stimmt schon. Aber es hat sich alles so lange hingezogen. Erst kam der TÜV-Mann mit zwei Stunden Verspätung, dann musste mehr gemacht werden, als ich gedacht hatte, eine Dichtung hat gefehlt ... Eins kam zum anderen. Ich kann gar nicht alles erzählen. Es hat immer länger gedauert.«

Mona weiterhin wütend: »Ja, ja, die Welt hatte sich gegen dich verschworen. Ich sitze hier und weiß nicht, was los ist, und jetzt muss ich mir auch noch dieses Rumgejammer anhören. Gib's doch zu, du hast mich mal wieder einfach vergessen!«

Marco kleinlaut: »Du hast ja recht. Es ist echt mies von mir, dass mir das immer wieder passiert.«

Mona: »Na, wenigstens siehst du es ein.«

Monas Zorn ist zwar etwas verraucht, aber es bleibt eine Leere in der Beziehung.

So hört es sich an, wenn ein Wolf auf ein Schaf trifft. Marco beschwichtigt und stimmt Mona zu. Seine Selbstverurteilung bleibt jedoch bedrückend in der Luft hängen.

»Mit Schafsohren hören« heißt, dass ich mich selbst schuldig fühle oder schäme und mich für unwichtig, ungenügend, wertlos und schlecht halte. Die Grundhaltung ist: »Ich bin nicht okay!«, begleitet von den entsprechenden Gefühlen wie Angst, Unsicherheit und Hilflosigkeit. Als Schaf stimme ich den äußeren (und den inneren!) Wölfen mit ihren entwertenden Unterstellungen blind zu und schneide mich dadurch vom Strom meiner Lebenskraft ab.

Wenn mein Partner zu mir sagen würde: »*Für Hinz und Kunz hast du Mitgefühl, aber nie für mich. Wie es mir geht, ist dir egal!*«*, und meine Schafsohren regten sich, würde ich mich gleich ganz miserabel, elend und traurig fühlen und meine Reaktion wäre sinngemäß:* »*Oje, da stehe ich nun als Kommunikationstrainerin, und du, Liebster, bist unglücklich, weil ich dir zu wenig einfühlsam begegne. Ich bin einfach unfähig! Am liebsten würde ich in den Boden versinken.*«

Meistens wechseln wir in einer Auseinandersetzung jedoch blitzschnell die Perspektiven. In einem Satz sind wir bissiger Wolf und im nächsten werden wir im Handumdrehen zum kleinlauten Schaf. Oft ist es sogar noch verzwickter: Unsere innere Reaktion ist schafig – doch nach außen beißen wir als

Wolf. Darauf gehe ich im fünften Kapitel, das die »innere Gewaltherrschaft« behandelt, tiefer ein.

Sowohl die Reibung zwischen zwei Wölfen als auch das Hin und Her zwischen wölfischer Dominanz und schafiger Unterwerfung ist kraftzehrend und ermüdend. Wie wir uns daraus erlösen und beschwingt miteinander tanzen können, zeigt uns die Giraffe.

»Mit Schafsohren hören« heißt, dass ich mich selbst schuldig fühle oder schäme und mich für ungenügend, wertlos und schlecht halte.

Mitfühlend und selbstbewusst: die Giraffe

»Der Himmel hat kein Gegenteil.«

Ein Kurs in Wundern

Weil sie von den Landtieren das größte Herz und mit ihrem langen Hals einen guten Weitblick hat, ist die Giraffe ein geeignetes Symbol für unser ursprüngliches, einfühlsames, herzliches Wesen. Als Giraffe bin ich mir bewusst, dass hinter all meinem Tun und Lassen Bedürfnisse stehen. Im Unterschied zu den automatisierten Reaktionen von Wolf und Schaf ist es mir ein wesentliches Anliegen, bewusst und achtsam zu sein. Ich übe mich immer wieder darin, differenziert wahrzunehmen, was in mir vorgeht. Aus dieser inneren Verbindung kann ich ohne Umschweife davon sprechen, wie es mir geht und was ich brauche. Wenn mir ein Wolf über den Weg läuft, lasse ich mich von seinen grimmigen Äußerungen nicht gleich aufbringen oder abschrecken. Statt Vorwürfe, Beschuldigungen und Unterstellungen automatisch mit gleicher Münze zurückzuzahlen, bleibe ich souverän in mir zentriert. Wohlwollend interessiert, bemühe ich mich, herauszufinden, was er wirklich fühlt und was er braucht. Und wenn das von Schuldgefühlen, Selbstwertnöten und Schmerz gelähmte Schaf auftaucht, beruhige und ermutige ich es.

Als Giraffe lebe ich in einer Haltung der Achtsamkeit, radikalen Selbstverantwortung, Wertschätzung und Einfühlung. Darin wurzelt die Kraft meines berührbaren und mitfühlenden Wesens.

Durch diese innere Haltung mache ich als Giraffe aus den fünf Schritten der Selbstbewussten Kommunikation (Beobachtung, wohlwollendes Denken, Gefühle, Bedürfnisse, Bitte) einen Herzensschlüssel. Geduldig suche ich immer wieder die tiefere Verbindung zum Wolf und lasse mich nicht davon beirren, dass er seine Verletzlichkeit hinter dicken Mauern verbirgt und mit scharfen Zähnen schützt. Und wenn das Schaf angstvoll in der blinden Zustimmung zu Verurteilung und Beschuldigung erstarrt oder in schmerzlichem Weh versinkt, wende ich mich ihm mit dem gleichen Mitgefühl zu. Was auch immer geschieht, ich bleibe handlungsfähig und bin mir bewusst, dass mir zur Erfüllung meiner Bedürfnisse viele Optionen zur Verfügung stehen. Dabei sind mir Selbstfürsorge und Partnerfürsorge gleichermaßen wichtig.

Als Giraffe bin ich nicht primär an einer sachlichen Lösung interessiert, sondern an einem Dialog, der zu einer authentischen Verbindung führt. Ich suche die Begegnung mit meinem Partner auf gleicher Augenhöhe. Ich bleibe im Gespräch – gewaltfrei und ohne Energieverlust. Ohne zu dominieren oder klein beizugeben, halte ich die Balance zwischen aufrichtiger Selbstvertretung und wohlwollendem Verständnis für meinen Partner. Ich verfüge über die innere

Souveränität, klar »Ja« und klar »Nein« zu sagen, und kann frei wählen, womit ich mich verbinden und wogegen ich mich abgrenzen möchte.

Was könnte Mona als Giraffe sagen, wenn Marco nach dem Tag in der Werkstatt nach Hause kommt und sagt: »Du kannst dir nicht vorstellen, was da heute los gewesen ist!«?

Mona: »Ja, stimmt. Und dabei hätte ich sehr gern mehr Anteil genommen an dem, was passiert ist. Ich war etwas geknickt, dass du heute Mittag nur so kurz auf den AB gesprochen hast und nicht ausführlicher erzählt hast, was los ist. Deshalb trifft deine Bemerkung bei mir gerade auf einen wunden Punkt, Marco. Ich hab noch überlegt, ob ich dich zurückrufe. Aber dann habe ich angefangen, unser neues Stück für die Probe morgen zu üben, und bin darin abgetaucht.«

Marco: »Jetzt bin ich überrascht. Ich habe nicht gedacht, dass dich das so interessiert, Mona. Es gab eine ganze Reihe unvorhergesehener Probleme, die mich in Anspruch nahmen. Aber dazwischen musste ich auch immer wieder lange warten. Eigentlich hätten wir uns mittags treffen und gemeinsam eine Kleinigkeit essen können. Das wäre schön gewesen. Wie schade, dass ich nicht so weit gedacht habe. Das bedaure ich jetzt richtig.«

In ihrer Unmittelbarkeit und Aufrichtigkeit ist die voll entwickelte Giraffensprache ein echtes Energiesparmodell. Doch so leicht lassen sich der Wolf und das Schaf nicht abschütteln, dazu stecken sie viel zu tief in uns drin. Um mit ihnen fruchtbar zu tanzen, spielen die Giraffenohren – das Hören als Giraffe – eine entscheidende Rolle. Du erinnerst dich: Ein gemeinsames Merkmal von Wolf und Schaf ist, dass ihre Ohren unweigerlich auftauchen und reagieren. Mit meinen Giraffenohren hingegen nehme ich bewusst wahr, was gerade los ist. Wenn ich spüre, dass mich etwas getroffen hat, schlage ich als Giraffe weder blind zurück noch versinke ich in Schuld, sondern wende mich nach innen und finde heraus, was mich momentan bewegt.

Wenn mein Partner sagt: »*Für Hinz und Kunz hast du Mitgefühl, aber nie für mich. Ich kann sehen, wo ich bleibe!*«, *gehen vielleicht erst mal meine Wölfe auf ihn los von wegen:* »*So ein Quatsch, der weiß ja gar nicht, wovon er spricht! Und überhaupt: Ich bin doch hier nicht die Giraffenhängematte für alle Anlehnungsbedürftigen.*«

Oder vielleicht fallen meine Wölfe über mich selbst her und machen mir Vorwürfe: »*Du kannst deinen Job gleich an den Nagel hängen! Wer derartig lieblos mit seinem Partner umgeht, hat so einen netten Menschen gar nicht verdient.*«

Oder ich spüre, wie mein Schaf in die Knie geht und ich mich schuldig fühle, weil es meinem Partner offenbar so schlecht geht: »*Ja, er hat recht. Ich bin schuld, dass es ihm nicht gut geht. Oje, ich fühle mich total kraftlos.*«

Sobald ich das merke, kann ich meine Giraffenohren als »Wolfs- oder Schafstransformator« benutzen. Damit übersetze ich meine eigene moralisch verurteilende Wolfs- und Schafssprache in die respektvolle Giraffensprache meiner Gefühle und Bedürfnisse.

Mein innerer Dialog kann dann so klingen: »Wenn mein Partner sagt: ›Für Hinz und Kunz hast du Verständnis, aber nie für mich. Ich kann sehen, wo ich bleibe!‹, ärgere ich mich. Ich brauche erst einmal Klarheit, worauf er sich bezieht. Und ich möchte von ihm nicht so vorwurfsvoll angesprochen werden. Grundsätzlich ist mir jedoch wichtig, ihm einfühlsam zu begegnen. Wenn mir das nicht gelungen ist, bedauere ich es.«

Wenn mich seine Worte nicht an einer empfindlichen Stelle treffen, wenn in mir also weder ein Wolf noch ein Schaf aufspringt, kann ich ihm meine hellhörigen Giraffenohren direkt zuwenden, um herauszuhören, was er eigentlich sagen will. Ich übersetze seinen bissigen Vorwurf, indem ich Vermutungen anstelle, was wohl dahinterstehen könnte:

»Wenn du mir von deinem Konflikt mit deinem Mitarbeiter erzählst, möchtest du gern, dass ich mitfühle, wie schlimm das für dich ist?«
»Ja!«
»Und dass ich es nicht nur als sachliche Information zur Kenntnis nehme?«

»Ja, ja!«

»Und möchtest du dann gern von mir wissen, wie du damit umgehen könntest?«

»Nein, gar nicht. Ich will nur, dass du mich verstehst.«

»Dass ich von Herzen Anteil nehme an dem, was du dabei durchmachst?«

»Genau!«

»Und dass ich innerlich bei dir bin, statt dir zu erklären, weshalb sich dein Gegenüber so verhalten hat?«

»Ja, so wie jetzt!«

In Konfliktsituationen nicht automatisch als Erstes nach dem Schuldigen zu suchen, sondern innezuhalten mit der Frage: »Was ist gerade los? Was brauche ich?« – das ist der erste Quantensprung in die souveräne Giraffenwelt. Statt zu sagen: »Du hast mich verletzt!«, stelle ich fest: »Ich bin in Not«, und lenke damit meine Aufmerksamkeit in die fruchtbare Richtung, auf das, was Lösung braucht. Dann prüfe ich explizit, auf welchen Pfaden mein Denken jetzt wandelt.

Werden die Vorwürfe meines Partners für meine Ohren »durchsichtig«, dann kann ich als Giraffe wohlwollend erahnen, was seine guten Gründe für sein Verhalten sein könnten. Und dann verändert sich mein Partner plötzlich! Indem ich ihn mit anderen Ohren höre, sehe ich ihn in einem anderen Licht. Darin liegt mein direkter Einfluss.

Erinnerst du dich an meine Ankündigung, dass wir unsere Partner ändern können? Und dass der geheimnisvolle

Zugang dazu im Reich des Hörens liegt? Nun, so geht's! Mit Giraffenohren höre ich hinter den Vorwürfen und Beschuldigungen einen Menschen, der auf unbeholfene Weise etwas von sich mitteilt. Ich erkenne, dass er sich auf eine für unsere Verbindung eher schädliche Weise seine Bedürfnisse zu erfüllen versucht. (Mehr zu Bedürfnissen im nächsten Kapitel.) Wenn ich mein eigenes Innenleben liebevoll versorgt habe, sodass Wolf und Schaf in mir befriedet sind, kann ich mich meinem Partner mitfühlend zuwenden. In dieser wärmenden Aufmerksamkeit kann auch seine Wolfs- oder Schafssprache durchlässiger werden, sodass er sich selbst tiefer und direkter spürt.

»Mit Giraffenohren zuhören« heißt, mir selbst und meinem Partner eine gute Absicht zu unterstellen sowie wach und präsent zu sein für meine eigenen Gefühle und Bedürfnisse und für die seinen. Ich bin daran interessiert, wohlwollend und offen wahrzunehmen, und ich bemühe mich darum, schrilles Wolfsgeheul und verschwommenes Schafsgeblöke in die kraftvolle, klare Sprache der Giraffe zu übersetzen. Ich begegne mir selbst und meinem Partner in einer grundsätzlich wertschätzenden, fürsorglichen Haltung (»Ich bin okay und du bist auch okay«).

Doch wie kann das praktisch gehen? Wie kann ich lernen, mir selbst und meinem Partner mit Giraffenohren zuzuhören, wenn ich in einer von Wölfen und Schafen geprägten Welt aufgewachsen bin? Wie kann ich damit umgehen, wenn ich merke, wie ich innerlich zwischen Wolf, Schaf und Giraffe hin und her springe, manchmal sogar in ein und demselben Gespräch?

Die fünf Schritte der Selbstbewussten Kommunikation bilden die Struktur, die Koordinaten, an denen ich mich orientieren kann, wenn ich in mir selbst verankert bleiben und gleichzeitig flexibel mit meinem Gegenüber in Verbindung treten will.

Die Giraffe lebt aus einer Haltung der Achtsamkeit, radikalen Selbstverantwortung, Wertschätzung und Einfühlung.

»Der Pessimist beklagt sich über den Wind.
Der Optimist hofft, dass sich der Wind dreht.
Der Realist setzt die Segel neu.«

Unbekannt

Ordne ich sowohl meinen inneren als auch meinen äußeren Dialog in die Bereiche …

- **Beobachtung** (Was ist gerade passiert?)
- **Denken** (Wie deute ich das, was geschehen ist? Wie möchte ich es deuten?)
- **Gefühl** (Welche Gefühle löst das in mir/in dir aus?)
- **Bedürfnis** (Was brauche ich? Was brauchst du?)
- **Bitte** (Was wünsche ich mir jetzt konkret von dir? Und du von mir?)

… dann habe ich einen strukturellen Rahmen, der mich in meinem Kontakt zu mir selbst und zum anderen unterstützt. Diese Ordnung ist die methodische Grundlage der Selbstbewussten Kommunikation. Mit ihrer Hilfe können wir uns im Verlauf eines lebendigen Gesprächs orientieren sowie eine wertschätzende, einfühlsame Verbindung aufbauen und aufrechterhalten. Durch sie kann aus zischenden Wolfsraketen und entkräftender Schafszerknirschung der Rhythmus eines beschwingten Giraffentangos werden.

Die fünf Schritte sind eine Weiterentwicklung aus den vier Schritten der Gewaltfreien Kommunikation nach Marshall Rosenberg (Beobachtung, Gefühl, Bedürfnis, Bitte). Zwischen Beobachtung einerseits und Gefühlen, Bedürfnissen und Bitten andererseits habe ich einen Schritt eingefügt, bei dem ich mein Denken überprüfe und meine Absicht entsprechend ausrichte. Wenn ich mir der Qualität meines Denkens bewusst werde, habe ich die Chance, ihm eine wohlwollende Tönung zu geben. Durch diesen Perspektivenwechsel komme ich oft mit bislang unbemerkten tieferen Bedürfnissen in Kontakt, die weitaus mehr Kraft haben als andere von meinem verurteilenden oder schuldbewussten Denken gefärbte.

Diese Schritte bilden eine Brücke, über die wir aus unserer üblichen, seit Jahren gewohnten Wolfs- und Schafs-Kommunikation ins Giraffenreich der authentischen, bewussten Verständigung gelangen. Sie beruhen auf bestimmten Überzeugungen und Grundannahmen. Dazu gehört, dass alles, was wir tun, der Erfüllung unserer Bedürfnisse zugute kommt und dass Bedürfnisse immer dem Leben dienen. Wir handeln für uns und nicht gegen andere.

Julia und Jo sind im Auto unterwegs. Julia sitzt am Steuer.

Jo: »*Musst du immer so riskant fahren? Das wäre doch jetzt wirklich nicht nötig gewesen.*«

Julia: »*Hör auf, an meiner Fahrweise rumzunörgeln! Kannst ja selbst fahren!*«

Schweigen. Die Luft ist dick geworden. Julia atmet hörbar tief durch.

Julia: »*Ähm ... Jo, da hat gerade mein Wolf gejault. Ich möchte die Zeit eine Minute zurückdrehen und noch mal antworten, ja?*«

Jo: »*Gut, okay.*«

Julia: »Befürchtest du, dass ich einen Unfall baue? Brauchst du eine gelassenere Atmosphäre?«

Jo: »Ja, ich bin gestresst wegen der Sitzung nachher und kann deinen schwungvollen Fahrstil nicht wirklich genießen. Bitte fahr langsamer!«

Julia: »Kein Problem, mache ich gern. Mir ist es wichtig, dass du dich sicher fühlst, wenn ich fahre. Und wenn ich spüre, dass du entspannt bist, geht es mir auch besser.«

Jo: »Danke! Am Wochenende können wir ja mal richtig losdüsen.«

Julia: »Yeah!«

Wäre es nicht wundervoll, wenn unsere Gespräche so abliefen? Und wenn das nicht nur zufällig in Sternstunden geschähe, sondern wenn wir auch schwierige Beziehungssituationen zuverlässig meistern könnten?

Hier sind die Schritte im Einzelnen:

1. Schritt:
Beobachten – ohne zu bewerten

Was sind die Fakten der Situation, die mich gerade beschäftigt? Welcher Zündfunke hat mein Pulverfass hochgehen lassen?

Im ersten Schritt formuliere ich die Tatsachen, die bei mir etwas ausgelöst haben, als nüchterne, reine Beobachtung. Eine Beobachtung ist das, was eine Kamera sieht oder ein Diktiergerät aufnimmt. Anwälte nennen es »Sachverhalt«. Einer Beobachtung kann niemand widersprechen. Also: Was genau ist der Sachverhalt? Was sind die Tatsachen, die Auslöser, auf die ich reagiere? Was ruft in mir ein »Autsch!« hervor, sobald ich es höre oder sehe?

Wenn ich in neutralem Ton sage: »Du hast mich heute Nachmittag nicht angerufen«, drücke ich aus, was ich beobachte. Sage ich: »Du hast wieder nicht angerufen! Das ist einfach rücksichtslos von dir!«, mische ich meine Bewertung hinein.

2. Schritt:
Denken – und dabei eine gute Absicht unterstellen

In meinem Denken wird sehr deutlich, wie ich mir selbst und der Welt gerade begegne: mit Wärme oder Kälte, freundlich oder abweisend. Es kann ein Gefängnis sein, in dem ich mich mit Verurteilungen und Beschuldigungen fest einbetoniert habe, oder zu einem weichen Teppich für meine Giraffenkraft werden. Wie deute ich das, was ich sehe oder höre? Kann ich wirklich und wahrhaftig offenherzig bleiben und meinem Partner eine gute Absicht unterstellen? Kann ich bei meinen Giraffenohren bleiben, obwohl die Worte meines Partners in meinen Wolfsohren möglicherweise sehr giftig, entwertend, beschuldigend und vorwurfsvoll klingen? Oder wenn sein Verhalten in meiner Schafsperspektive zutiefst schmerzlich erscheint? Bin ich bereit und in der Lage, seine Worte so zu übersetzen, dass ich erfasse, was ihm eigentlich am Herzen liegt? Oder verstricke ich mich darin und stürze mich ins Wolfsgetümmel oder versinke im Schafsjammer?

Verurteilendes Denken dient unter Umständen als Schutzwall, um einen tiefer sitzenden Schmerz nicht zu spüren. Wenn ich merke, dass ich mich nicht davon lösen kann, meinen Partner zu verurteilen, kann ich mich fragen, ob ich bereit bin, mein Herz für einen Schmerz oder eine Angst in mir zu öffnen, die dahinter verborgen liegen. Verankert in meiner Giraffenkraft, präsent und ganz bei mir kann ich dann tiefer schürfen. Auf diese Weise werden meine Verurteilungen überflüssig. Ich denke achtungsvoll und wertschätzend über mich und meinen Partner – und gewinne dadurch weitere Selbstsicherheit.

Statt »Du bist ein unbeherrschter Tyrann!« sage ich dann vielleicht: »Wenn du so drohend brüllst, bekomme ich Angst und habe nur noch Nebel im Kopf. Ich möchte eine Gesprächspause machen und eine halbe Stunde rausgehen, um mich zu sortieren. Danach können wir miteinander prüfen, ob es sinnvoll ist, dass wir weiterreden, okay?«

Die Reihenfolge der mittleren Schritte ist nicht zwangsläufig festgelegt. Manchmal richte ich mein Denken auf diese wohlwollende Weise aus, bevor ich mir meiner Gefühle genau bewusst werde, und manchmal sitzen mir die Gefühle so dicht unter der Haut, dass ich mein Denken erst danach detaillierter betrachten kann.

3. Schritt:
Fühlen – ohne zu interpretieren

Im dritten Schritt sage ich, wie ich mich fühle. Ich kann zum Beispiel ärgerlich, ängstlich, froh oder betroffen sein, ich kann mich frustriert, berührt, traurig, unsicher oder ohnmächtig fühlen. In der Selbstbewussten Kommunikation kennen wir keine negativen Gefühle. Ich bewerte meine Gefühle nicht, sondern heiße sie als Boten willkommen, die mich auf erfüllte oder unerfüllte Bedürfnisse hinweisen. (Falls du Anregungen brauchst, welche Gefühle und Bedürfnisse es überhaupt geben könnte, findest du mehr Informationen in meinem Buch »Wenn die Giraffe mit dem Wolf tanzt«.)

Dabei bemühe ich mich, sorgsam zwischen Gefühlen und Interpretationen zu unterscheiden. In einem Satz wie »Ich fühle mich ausgeschlossen« sind Fühlen und interpretierendes Denken vermischt. Deshalb nenne ich so etwas ein »Interpretationsgefühl«. Durch das »Ich fühle ...« beansprucht meine Aussage etwas von Wahrheit, Unabänderlichkeit, Zwangsläufigkeit. Gefühle hat man eben; sie kommen (scheinbar) von selbst. Damit bleibt aber verborgen, dass in diesem Satz meine Interpretation steckt. Mit der Frage »Wie *fühle* ich mich, wenn ich *denke,* dass meine Partnerin mich ausschließt?« sortiere ich den Eintopf »Interpretationsgefühl« in die beiden verschiedenen Töpfe »Denken« und »Gefühl«. Vermutlich bin ich ärgerlich ..., traurig ..., vielleicht auch einsam. Wenn ich mir das bewusst mache, wird deutlich, dass meine Sichtweise nicht zwangsläufig ist. Ihr liegt eine Beobachtung zugrunde, die ich gedeutet habe. Dann kann ich prüfen, ob ich diese Interpretation aufrechterhalten will oder mich für eine andere Deutung entscheide. Damit hole ich mich in die Kraft meiner Selbstverantwortung und Klarheit zurück. Mit einer anderen Deutung verändert sich auch mein Fühlen. Probiere es aus!

Doch aufgepasst: Für das Schaf in mir kann »Ich fühle mich ausgeschlossen« (oder »verlassen«, »nicht wahrgenommen« etc.) das echte, authentische Erleben sein! Mir ist dieser Hinweis sehr wichtig, damit das innere Schaf die Zuwendung und das Mitgefühl bekommt, die es braucht, um zu heilen. Die alten Wunden des Schafs in uns sind ja zum großen Teil entstanden, als wir noch klein und vollständig abhängig waren. Da die Eltern für uns unfehlbare Götter waren, haben wir bei allem, was schiefging, den Fehler bei uns selbst gesehen. Das hat zu unserer Schafshaltung geführt.

Damit sie endlich heilen kann, braucht das Schaf Erfahrungen einer liebevollen, fürsorglichen, bestärkenden, ermutigenden Bezogenheit. Ihm zu suggerieren, bei ihm sei etwas falsch, weil es sich zum Beispiel nicht wahrgenommen oder generell als Opfer »fühlt«, würde das Leiden an seiner (unangemessenen) »Ich bin falsch«-Überzeugung nur bestätigen oder weiter verstärken.

Im Hinblick auf mein reifes, erwachsenes Selbst ist das, was andere tun, jedoch nur noch der Auslöser meiner Gefühle. Es ist der Zündfunke. Die eigentliche Ursache, das Pulverfass, liegt in mir selbst. Wenn ich eine erwachsene, autonome Persönlichkeit bin, hat ein anderer Mensch nicht mehr die Macht, die Ursache meiner Gefühle zu sein. Allerdings kann das, was er tut, bei mir auf eine biografische Wunde treffen und damit wieder alte Gefühle aufleben lassen oder verstärken. Das Verhalten der anderen wirkt dann als Zündfunke, der ins Pulverfass meines alten Schmerzes fällt. Solche Pulverfässer liegen insbesondere im Bereich unserer alten, unerfüllten emotionalen Bedürfnisse nach Einfühlung, Verbindung, Nähe, Zugehörigkeit, Verständnis und dergleichen.

4. Schritt:
Bedürfnisse – statt Strategien

Im vierten Schritt finde ich heraus, welches Bedürfnis hinter meinem Gefühl steckt. Bei allem, was ich tue und lasse, geht es letztlich um Bedürfnisse. Sie bewegen mich zum Handeln, und sie sind das Herz der Selbstbewussten Kommunikation: Nach ihrem Verständnis sind Bedürfnisse immer abstrakte Begriffe. Doch obwohl sie uns zum Handeln bewegen, sind wir uns über unsere Bedürfnisse häufig nicht oder kaum bewusst. Wir beschäftigen uns vor allem mit Strategien, mit der Art und Weise, wie wir unsere Bedürfnisse zu erfüllen versuchen. Ich habe vielleicht das Bedürfnis nach Verbindung, nach Verständnis, Sicherheit, Autonomie, Geborgenheit, Freiheit oder Sinn. Aber wenn ich mit meinem Partner reden will, ein Wochenende ganz allein verbringen möchte oder mich im örtlichen Hospiz engagiere, sind das Strategien. Bedürfnis oder Strategie – das ist eine essenzielle Unterscheidung in der Selbstbewussten Kommunikation. Sie hilft uns, zu erkennen, dass es zur Erfüllung eines Bedürfnisses immer mehrere Strategien gibt, und zeigt mir, wie ich aus der Enge eines ganz bestimmten, mechanischen Verhaltens zur kreativen Weite und Freiheit vielfältiger Gestaltungsmöglichkeiten gelangen kann.

Als ich auf dem Giraffenparkett zu tanzen begann, war es mir erst einmal fremd, mich auf dieser abstrakten Ebene zu reflektieren und herauszufinden, worum es mir bei meinem

Tun und Lassen wirklich und wahrhaftig ging. Das erforderte Übung. Manchmal sogar Unterstützung. Und häufig sogar noch Erlaubnis! Es war ein Riesenschritt für mich, meine authentischen Bedürfnisse zu erkennen, und ein Quantensprung, dann auch noch mein Handeln auf ihre Erfüllung auszurichten – und damit die volle Verantwortung für mein Glück (und für mein Unglück) zu übernehmen.

In der Einsicht und der konkreten Erfahrung, dass es viele verschiedene Wege zur Erfüllung eines Bedürfnisses gibt (auch wenn mir einer manchmal am liebsten wäre), liegt ein wundervoller Schlüssel, der mir das Tor zur Freiheit weit geöffnet hat.

Mit dem Satz »Ich brauche Erholung und Gemeinsamkeit« drücke ich ein Bedürfnis aus. Sage ich hingegen: »Ich möchte morgen mit dir zum Feldberg wandern«, spreche ich von einer Strategie, einem konkreten Weg also, wie ich mein Bedürfnis nach Erholung und Gemeinsamkeit aktuell erfüllen möchte, nämlich erstens mit dir – und zweitens, indem wir zum Feldberg wandern. Es gäbe auch eine Fülle anderer Möglichkeiten: Ich könnte mit meiner Freundin in die Taunus-Therme gehen, entspannt auf meinem Sofa liegen und eine Stunde telefonieren, meinen Partner zum Essen einladen, abends zu meiner Kontemplationsgruppe gehen, mit meinem Sohn einen Film anschauen, mir in der Badewanne ein Hörbuch anhören ...

5. Schritt: Bitte – ein verhandlungsfähiger Vorschlag statt einer Forderung

Hier geht es darum, wie ich meine Bedürfnisse gern erfülle oder erfüllt bekommen möchte. Ich bitte um ein konkretes Verhalten, eine klar bestimmte Handlung. Diese Handlung kann entweder die Beziehung zum Fokus haben oder eine sachliche Lösung. In emotional schwierigen Situationen ist es ratsam, dass ich mich um die Stärkung der Beziehung kümmere, bevor ich nach einer konkreten Lösung suche. »Wie geht es dir mit dem, was ich gerade gesagt habe?« ist eine solche Beziehungsbitte. Eine weitere ist: »Kannst du mir bitte sagen, wie du mich gerade verstanden hast?« Eine sachbezogene Lösungsbitte wäre: »Kannst du heute einkaufen gehen?«

Wenn ich weiß, dass es für ein bestimmtes Bedürfnis eine Vielzahl von Erfüllungsmöglichkeiten gibt, wandelt sich die innere Enge, in der mich (m)eine zwingende Forderung oder eine kategorische Verweigerung fesselt, in die bewegliche Leichtigkeit klarer Vorlieben. Und darin liegt so viel beschwingte Weite und Freude, dass es für mich zunehmend überflüssig geworden ist, etwas zu fordern.

Und wenn der andere Nein sagt? Wenn er meine Bitte ablehnt? Dann weiß ich: Ein »Nein!« zu etwas, ist ein »Ja!« zu etwas anderem. Für mein Gegenüber steht momentan etwas anderes im Vordergrund. Ich nehme es nicht persönlich und das ist nicht das Ende unseres Gesprächs. Es ist der Beginn einer gemeinsamen Bewegung, mit dem Fokus auf konkreten Strategien. Wir widmen uns dem Finden einer Lösung, durch die beide Seiten gewinnen.

Die Erfahrung, wie viel Freude es bereitet und wie viel Erfüllung darin liegt, Win-win-Lösungen zu finden, stärkt das Vertrauen in die Tragfähigkeit der Verbindung enorm und lässt uns die beschwingte Kraft unseres Giraffentangos in vollen Zügen genießen.

»Konfliktfähigkeit ist leicht zu lernen, wenn man einmal erfahren hat, wie es geht«, schreibt der Paartherapeut M. L. Möller. »Das Goldene Paargleichgewicht ist die Basis: Beide beachten die eigenen Wünsche und die andersartigen des Partners als völlig gleichrangig und versuchen, sie gemeinsam zu gleichen Teilen zu realisieren.«

In ihrer Unmittelbarkeit und Aufrichtigkeit machen diese fünf Schritte die Selbstbewusste Kommunikation zu einem echten Energiesparmodell. Indem ich mich in meinen Gesprächen an diesem Rhythmus aus Beobachtung, wohlwollendem Denken, Gefühl, Bedürfnis und Bitte orientiere – wobei ich die Reihenfolge kreativ verändern kann, wenn mir diese Faktoren vertraut sind –, werden meine Worte zur Melodie eines Giraffentanzes. Die fünf Schritte sind der »Wohlwollen-Trainer«, mit dem ich das Ringen meiner verurteilenden, beschuldigenden und schwächenden Wolfs- und Schafsduelle in einen zugewandten, hin und her schwingenden, lebendigen verbalen Tango verwandle.

»Sie sind einfach, aber nicht leicht«, habe ich öfters über die fünf Schritte gehört. Tja. Manche ungünstigen Denk- und Sprechgewohnheiten lösen sich allein schon dadurch auf, dass sie uns klar werden; hinter anderen kommen jedoch manchmal alte Wunden zum Vorschein, die tiefere Zuwendung und vielleicht sogar professionelle Unterstützung erfordern. Lass dich nicht entmutigen. Wir sind in einer von Wölfen und Schafen geprägten Welt aufgewachsen und müssen den Kontakt zu unserem unbefangenen, innersten, leuchtenden Wesen erst wieder erlernen. Den inneren Wolf und das innere Schaf ins Herz zu nehmen, ist ein jahrelanger, herausfordernder Entwicklungsweg. Aber ein lohnender!

Meinen inneren sowie meinen äußeren Dialog in die Bereiche Beobachtung, Denken, Gefühl, Bedürfnis, Bitte zu ordnen, unterstützt meinen Kontakt zu mir selbst und zum anderen.

»Bei sich beginnen,
aber nicht bei sich enden,
bei sich anfangen,
aber sich nicht selbst zum Ziel haben.«

Martin Buber

Wie kann aus diesen fünf Schritten ein Tanz werden? Wie bewege ich rasende Wölfe und schleichende Schafe dazu, sich auf einen beschwingten Giraffentango einzulassen? Es beginnt damit, dass ich *wach* werde, wenn die Luft dick wird, und dass ich merke, ich düse gleich auf dem automatischen Reiz-Reaktions-Gleis ab. Diese Wachheit erlaubt es mir, mich zunächst für ein paar Minuten nach innen zu wenden, um mir bewusst zu machen, *was in mir gerade los ist* – ohne sofort darauf zu reagieren oder es verändern zu wollen. Vermutlich höre ich zunächst meine Wolfs- oder Schafsstimme. Ich lausche eine Weile und beginne, alles, was in mir tobt und rumort, in die fünf Schritte zu sortieren. Mit dieser »Selbsteinfühlung« schäle ich mich aus der Identifikation mit meinen Wolfs- oder Schafsgefühlen und -gedanken heraus: Was hat bei mir als Zündfunke gewirkt? Was denke ich, wenn ich eine gute Absicht unterstelle? Was fühle ich? Was brauche ich? Worum bitte ich?

Dann gehe ich – zunächst weiterhin auf dem inneren Tanzboden – zur Einfühlung in meinen Partner über. Still in meinem Inneren bemühe ich mich, einfühlsam und wohlwollend zu verstehen, *was beim anderen gerade los ist.* Idealerweise bemüht sich mein Gegenüber währenddessen genauso fürsorglich und einfühlsam um ein besseres Verständnis von sich selbst und von mir. Durch diesen inneren Tanz verankern wir uns tief in uns selbst, sodass wir beim nachfolgenden äußeren Tanz miteinander besser das Gleichgewicht halten können. Hier ein Beispiel:

Lisa und Leon sind seit drei Jahren ein Paar, leben jedoch nicht zusammen. Nach einem gemeinsamen intensiven Kommunikationsseminar sitzen sie am Sonntagabend erschöpft und erfüllt beim Italiener. Die Atmosphäre ist warmherzig und zugewandt. Nach dem Essen beginnt Lisa, von ihren Terminen in den nächsten Monaten zu erzählen. Es sind schon so viele Wochenenden mit Arbeit belegt, dass sie zögert, noch eine Anfrage aus Köln anzunehmen, auch weil das die Zeit einschränkt, in der Leon und sie sich sehen können.

Leon sagt: »Kein Problem, dann komme ich nach Köln und wir hängen noch Montag und Dienstag dran.«

Lisa ist berührt von seinem spontanen Vorschlag: »Danke für dein Angebot – das freut mich!« Doch da zupft ein leises Unbehagen an ihr. Schon so manche Absprache mit Leon hat für sie zu einer schmerzhaften Erfahrung geführt. »Dann möchte ich aber sicher sein, dass das auch passiert!«

Leon geht an die Decke. »Das ist doch unverschämt, was du mir wieder unterstellst! Als ob ich ständig unsere Verabredungen platzen ließe! Überhaupt, was weiß ich denn, was in einem halben Jahr ist? Da kann sonst was passieren. Wir wissen ja nicht einmal, ob wir dann noch leben…«
Lisa ist völlig verdutzt.

Wie kann es jetzt weitergehen?

Moment mal! –
Der Giraffenfallschirm

»Freiheit ist die Fähigkeit, eine Pause zu machen
zwischen Auslöser und Reaktion.«

Rollo May

Lisa hat gute Lust, Leon jetzt ihrerseits die Wolfszähne zu zeigen und ihn anzugiften, was denn dieses Theater soll. Sie spürt auch kurz den Impuls, sich verletzt in ihr Schaf zurückzuziehen und sich elend zu fühlen, weil Leon so auf sie losgegangen ist. Aber ihr fällt ein, was sie gerade gelernt hat, und anstatt einfach zu reagieren, hält sie inne und sagt: »Halt! Giraffenfallschirm!«

Das ist das Codewort, das die beiden miteinander vereinbart haben. Wenn einer »Giraffenfallschirm!« sagt, heißt das: »Achtung! Innehalten! Erst einmal bewusst werden.« Dann wollen sie innerlich erst einmal jeder für sich schauen, was gerade los ist – bei sich selbst und beim Partner.

Leon holt tief Luft und sagt: »Okay, danke für die Erinnerung. Ja, ich könnte im Moment wirklich platzen. Aber ich möchte meine Wölfe hier nicht blind rumspringen lassen. Lass uns ein paar Minuten Pause machen, damit ich das in mir sortieren kann.«

Lisa freut sich, dass ihr der Giraffenfallschirm gleich eingefallen ist, und atmet erleichtert auf.

Dieses erste Aufwachen, dieses Bewusstwerden und Innehalten ist ein entscheidender Meilenstein auf dem Giraffenpfad:

Stopp! Innehalten! Bewusst werden!

Ich nenne das »die Reißleine am Giraffenfallschirm ziehen«. Damit unterbreche ich den blinden Reiz-Reaktions-Mechanismus und schütze mich davor, in die Tiefen wölfischen oder schafigen Leidens zu stürzen. Die Reißleine am Giraffenfallschirm (das heißt: die Möglichkeit, innezuhalten und mir der Situation und meiner selbst bewusst zu werden) gibt es immer, ich muss sie nur erwischen. Dieses »Stopp, Moment mal!« kann sich anfühlen, als wäre mir plötzlich der Wind aus den Segeln genommen. Schlagartig ist die Turbulenz des gewohnten Wolfssturms weg und ich stehe in einem leeren Raum. Entschleunigt balanciere ich auf schwankendem Boden. Und darin liegt der innere Freiraum, um meine Giraffenkraft mit Autonomie und Selbstbestimmung aufzuladen. Dann kann ich eine bewusste Wahl treffen, wie ich mich weiter verhalten will: als Wolf, Schaf oder Giraffe.

Dafür gehe ich die fünf Schritte zunächst in einem inneren Dialog durch. Auf diese Weise stimme ich die Melodie und den Rhythmus des Giraffengeistes in mir an und stärke sie in meinem Inneren, damit ich dann auch beim äußeren Giraffentango mit meinem Partner leichter damit verbunden bleibe.

Giraffentango mit mir selbst:

1. Was ist los in mir? Selbsteinfühlung, Selbstklärung. Ich finde heraus, was ich fühle, wie ich die Situation gerade deute, was mir wirklich wichtig ist und wie ich dafür sorgen kann, das zu erfüllen. Ich tauche ein in Wohlwollen und Fürsorge und finde hinter meiner verurteilenden, schuldbewussten Wolfs- und Schafssprache meine wahren Gefühle und Bedürfnisse. Ich beginne, die Situation herzlicher und vollständiger zu erleben, auf mich selbst bezogen und auf meinen Partner.

2. Wie geht es dir? Einfühlung in meinen Partner. Ich entscheide mich bewusst, meinen Partner in seiner Erfahrungswelt mitfühlend verstehen zu wollen. Ich werde »hellhörig«, wie er sich fühlt, was er denkt, was seine wichtigen Anliegen sind und was er gerne hätte. Wenn es hilfreich ist, kann dazu auch gehören, seine wölfische Verurteilung, seinen trotzigen Rückzug oder sein schafiges Schuldsein in die darin noch unausgesprochen verpackten Gefühle, Bedürfnisse und Bitten zu übersetzen.

Giraffentango mit meinem Partner:

Nach der Vorbereitung auf dem inneren Tanzboden tanzen wir im »Live«-Gespräch gemeinsam im Rhythmus der fünf Schritte den äußeren Giraffentango – indem wir einfühlsam und aufeinander bezogen sprechen, zuhören und – soweit möglich – Wolfsurteile und Schafsanklagen in Gefühle und Bedürfnisse übersetzen:

1. Ich bleibe weiterhin achtsam mit mir in Verbindung und spüre, was bei diesem hin und her schwingenden Tanz in mir vorgeht.

2. Ich höre dir mit Giraffenohren zu – werde also »hellhörig«, nehme mit offenem Herzen auf, was du fühlst, brauchst und bittest, und unterstütze dich wohlwollend bei deiner Selbstklärung und -mitteilung. Wo sich noch Wolf oder Schaf einmischen, bemühe ich mich, ihre Sprache wohlwollend zu übersetzen.

3. Ich sage dir so giraffisch wie möglich, was bei mir los ist – also, was bei mir gerade als Auslöser gewirkt hat, wie ich mich fühle, welche Bedürfnisse ich habe und worum ich deshalb bitte ...,

4. ... und ich baue darauf, dass auch ich von dir mit einfühlsamen, hellhörigen Giraffenohren aufgenommen werde.

Wie kann sich das nun bei Lisa und Leon jeweils im stillen inneren Dialog abspielen?

Lisa (innen):

Sie wendet ihre Giraffenohren sich selbst zu und hört ihre inneren Wölfe jaulen: »Ach nee, nicht wieder so ein Stress! Der hat ja einen Knall, sich so aufzuregen!« *Durch ihre innere Anteilnahme werden diese Stimmen allmählich ruhiger. Sie erinnert sich an die fünf Schritte.* »Wie ging es los? Wenn Leon mit sehr aufgebrachter Stimme sagt:* ›Du willst mir wieder etwas Negatives unterstellen!‹ *(Beobachtung), bin ich erschrocken und müde..., vor allem müde... und traurig* (Gefühle). *Meine Absicht war, ihm etwas von meiner noch ganz diffusen Sorge zu zeigen* (wohlwollendes Denken gegenüber mir selbst), *doch das ist mir leider nicht gelungen. Auf welche Bedürfnisse weisen mich meine Gefühle hin? Ich hätte gerne Zuwendung, Wohlwollen und Verständnis, diese sanfte, schwingende Verbindung, die wir gerade noch hatten* (Bedürfnisse). *Ich möchte jetzt gerne gelassen und offen bleiben und die Verbindung zu Leon halten, um in Ruhe auszutauschen, was ihn und mich gerade bewegt* (Bitte an sich selbst). *Okay.«
Lisa atmet noch mal tief durch und fühlt sich schon ein bisschen entspannter. Jetzt ist sie bereit für die Einfühlung in Leon, indem sie still in ihrem Inneren Vermutungen anstellt.*

»Und was war wohl mit Leon los? Was könnte ihn so gereizt haben? Vermutlich mein Satz ›Dann möchte ich aber sicher sein, dass das auch passiert!‹ *(Beobachtung). Den hat er*

offenbar als Vorwurf gehört und wollte sich mit seiner Reaktion schützen (wohlwollendes Denken). *Und seine Gefühle? Total ärgerlich, wütend – und was noch? Dahinter ..., weit dahinter? Unsicher, ängstlich* (vermutete Gefühle)? *Und auch ihm geht es vermutlich um Wohlwollen, Anerkennung, Frieden* (vermutete Bedürfnisse). *Vielleicht hätte er sich gewünscht, ich hätte mich über seinen Vorschlag einfach gefreut* (vermutete Bitte)?«

Bei Leon könnte es so klingen:
»*Also erst mal stopp! Wach werden – zu mir kommen. Okay. Ich bin auf 180! In mir tobt echt ein fetter Wolfssturm. Halt, tief durchatmen! Füße spüren. So, wie war das noch mit dem Giraffentanz? Also erstens: Was ist in mir gerade los? Als Lisa gesagt hat: ›Dann möchte ich aber sicher sein, dass das auch passiert‹* (Beobachtung), *gingen meine Wolfsraketen in die Luft. Wie kann ich mein Wolfsgeschimpfe jetzt mit den fünf Schritten ›entzippen‹? Ich bin sauer, ganz klar. Und mit meiner heftigen Reaktion wollte ich mich schützen* (wohlwollendes Denken). *Ich weiß von unserem Seminar, dass Ärger* (Gefühl) *eng mit verurteilendem, wölfischem Denken gekoppelt ist. Also, ich meine immer noch, dass Lisa mir mit ihrem Satz an den Karren fahren wollte. Es fällt mir schwer, darin eine gute Absicht zu sehen. Na ja, ich werde gleich darüber nachdenken. Jetzt mache ich mir erst mal klar, dass Verurteilen ein Schutzwall sein kann: Ich verurteile, anstatt zu fühlen, was hinter meinem Ärger steckt. Ich kann Lisa ja mal probeweise unter-*

stellen, dass sie es nicht böse gemeint hat. Dann komme ich leichter dahinter.

Ja, mein Ärger lässt deutlich nach. Ich hänge nicht mehr so fest, komme stärker bei mir an. Erstaunlich, das fühlt sich richtig gut an! Und ich fühle, wie sich eine leise Traurigkeit in mir ausbreitet (Gefühl hinter dem Ärger). *Zu welchem Bedürfnis führt sie mich? Ich wünsche mir, dass Lisa sich über meinen Vorschlag einfach freut; dass sie an eine positive Entwicklung glaubt und uns die Chance gibt, unvoreingenommen neue Erfahrungen zu machen. Also geht es vielleicht um Sachen wie Unvoreingenommenheit, Wohlwollen und Zuversicht* (Bedürfnisse). *Das möchte ich ihr sagen* (Bitte).

Und was ist wohl bei Lisa los? Erst hat sie sich ja sehr über meinen Vorschlag gefreut. Danach kam ihr offenbar etwas in den Sinn, das dann als Auslöser für ihre Bedingung gedient hat: Was wollte sie mit diesem ›Dann möchte ich aber sicher sein, dass das auch passiert!‹ (Beobachtung) *wohl von sich sagen — unabhängig davon, was bei mir angekommen ist oder was das bei mir ausgelöst hat? Sie möchte sich einfach absichern, sich vergewissern* (wohlwollendes Denken), *weil sie offenbar Zweifel hat und unsicher ist* (Gefühle). *Dann braucht sie vermutlich Klarheit und Sicherheit, vielleicht auch Vertrauen* (Bedürfnisse). *Und ihre Bitte könnte sein, ich soll ihr zeigen, dass ich das nicht nur so dahingesagt habe, sondern dass es mir selbst auch ernst ist. Gut, was ich dafür tun kann, möchte ich gern mit ihr besprechen* (Bitte).«

Ich bin immer wieder begeistert, wie sehr mir der bewusst vollzogene Schritt von meiner verurteilenden Interpretation des Verhaltens meines Partners hin zum wohlwollenden Denken hilft, meine Fixierung auf ihn zu lösen und ganz bei mir selbst anzukommen. Allein dieses »Zu-mir-Kommen« ist ein Geschenk. Statt giftig auf Wolfsraketen rumzuzischen oder ohnmächtig im Schafsstrudel abzusaufen, werde ich gelassener und damit auch handlungsfähiger. Durch diese fürsorgliche Selbstklärung finde ich in meine volle Autonomie zurück und stärke sie.

Lisa und Leon haben sich im bewusst vollzogenen inneren Giraffentanz um wohlwollendes Verständnis für sich selbst und für den Partner bemüht. Damit haben sie einen tragfähigen Boden für den beschwingten äußeren Giraffentango vorbereitet, den sie jetzt im kreativen Wechsel von Zuhören und Selbstmitteilung einfühlsam miteinander tanzen können.

Lisa und Leon (außen):

Leon: »*Lisa, du warst eben ziemlich erschrocken, als ich so wütend aufgefahren bin.*«

Lisa: »*Ja, allerdings! Wir waren gerade noch in einer so gelösten, offenen Stimmung. Da hat es mich kalt erwischt, als du plötzlich wie aus dem Nichts so ärgerlich geworden bist.*«

Leon: »*Ja, das war sicher ein Schock. Ich habe gerade schon bedauert, dass ich die Reißleine am Giraffenfallschirm nicht mehr rechtzeitig zu fassen bekommen habe. Ich möchte in so einer Situation viel lieber gelassen bleiben, spüren, was in mir los ist, und zu verstehen versuchen, was dich bewegt, so etwas zu sagen. Da sind wir uns durchaus einig. Und ich übe gerade, merkst du es?«*

Lisa ist von seiner Offenheit bezaubert:»Ja, ich bin jetzt ganz entspannt, weil ich merke, dass du wieder ›anwesend‹ bist. Ich würde gerne versuchen, mein Anliegen noch mal anders auszudrücken, okay?«

Leon:»Ja, gern. Obwohl ich auch gerade einiges rausgefunden habe, was ich dir erzählen möchte.«

Lisa:»Gut. Dann zuerst du!«

Die beiden lächeln sich in verschwörerischem Einvernehmen liebevoll an.

Leon (außen):

Leon:»Also, ich habe mir gedacht, du bist unsicher – weshalb, ist momentan egal –, ob du meinen Worten trauen kannst, und du brauchst Sicherheit und Klarheit. Deine Bitte könnte sein, dass ich deine Zweifel ernst nehme; dass du mit mir darüber sprechen kannst – und vor allem, dass ich wirklich hören und mitfühlen möchte, was dich bewegt, und dir darauf antworte. Dich vielleicht sogar ermutige?«

Lisa:»Genau, Volltreffer! Du hast sogar etwas in Worte gefasst, was mir selbst noch nicht ganz klar war. Ja, das wäre prima!«

Leon strahlend:»Okay. Also, ich möchte sehr gern mehr von deinem Zweifel hören. Magst du mir davon erzählen?«

Lisa:»Ich habe Sorge, jetzt einen Termin zu vereinbaren,

und wenn dir dann etwas dazwischenkommt, stehe ich mit meiner Verpflichtung da – ohne den schönen Teil, dass wir uns dann auch sehen.«

Leon: »Aha, es geht dir also um eine Balance zwischen verbindlicher Arbeit einerseits sowie Entspannung und Free Flow andererseits? Und wenn wir uns treffen, dann ist das für dich so eine Gelegenheit, dich wohlig treiben zu lassen?«

Lisa: »Ja, Entspannung, mich treiben lassen, das trifft es. Ich bin so gerne mit dir zusammen unterwegs.«

Leon: »Verstehe, du würdest ja auch gern mal eine Weile in einem Tipi wohnen. Ich bin gerade sehr überrascht. Was jetzt deutlich wird, hat mit meinem ursprünglichen ›Verdacht‹, du wolltest mir an den Karren fahren, gar nichts zu tun.«

Lisa: »Ja, ich bin auch ganz entzückt, dass wir jetzt so freundlich darüber sprechen. Und bin selbst verblüfft, worum es mir in der Tiefe geht. Danke, dass du mich unterstützt hast, das herauszufinden. Das macht weit und beschwingt.«

Leon: »Na, da hat uns der Giraffenkompass ja wirklich gute Dienste geleistet. Der zentrale Punkt ist die Balance von Arbeit und Entspannung. Das ist dein Herzensanliegen. Und mit mir unterwegs zu sein, ist ein bevorzugter Weg für dich, aktive Entspannung zu erleben, wie du es genannt hast. Es ist deine Lieblingsstrategie.«

Lisa: »Klasse, jetzt fühle ich mich auch nicht mehr so unter Druck, dass unsere Verabredung in Köln unbedingt klappen muss. Das erfüllt ganz unerwartet auch mein Bedürfnis nach Autonomie. Das hatte ich vorher gar nicht gespürt. Mir *ist nun klar, dass ich auch auf andere Weise für meinen Free Flow sorgen kann. Und das fühlt sich so leicht an.«*

Lisa (außen):

Lisa:»Okay, jetzt bin ich dran. Mir ist klar geworden, wie ich mich wohl deutlicher hätte ausdrücken können. Du hast gesagt:›Ich kann ja dann nach Köln kommen.‹ Darauf möchte ich dir antworten: Ich freue mich sehr, dass du mir deine Unterstützung bei der Lösung meines Konflikts anbietest. Danke! Und ich möchte zu dieser Veranstaltung nur gehen, wenn du auch wirklich nach Köln kommen willst. Sonst möchte ich den Job nicht annehmen, sondern lieber die Zeit anders mit dir verbringen. Kannst du mir noch einmal sagen, wie verbindlich dein Angebot ist?«

Leon:»Aha! Ja, wenn du es so sagst, verstehe ich besser, worum es dir geht. Dann schnellen meine Wolfsöhrchen nicht so leicht hoch, mit denen ich höre, du würdest mir unterstellen, ich sei unzuverlässig. Jetzt kann ich dir ganz leicht sagen: Ja, mein Angebot ist so verbindlich wie deine Zusage bei deinem Auftraggeber. Sonst würde das ja gar keinen Sinn ergeben. Und ich würde mich auch freuen, wenn du diesen Job annimmst, denn du hast gesagt, dass er dich inhaltlich reizt, oder?«

Lisa:»Ja, stimmt. Danke, Leon, für die Bekräftigung deiner Zusage und dafür, dass du mich bei meiner Arbeit so liebevoll unterstützt.«

Leon:»Mir ist auch ganz warm geworden. Ich freue

mich sehr, dass wir die Reißleine gleich zu fassen bekommen haben.«

Die Reißleine am Giraffenfallschirm möglichst frühzeitig zu erwischen, ist eine entscheidende Erleichterung, um aufkommende dicke Luft zu zerstäuben und Gelassenheit zurückzugewinnen. Ich habe festgestellt, dass der Zündstoff im Streit mit meinem Partner häufig weniger im Inhalt liegt als vielmehr in dem, was wir uns in der blitzschnellen Eskalation an den Kopf werfen. Wenn wir später noch einmal darauf geschaut haben, war ich oft verblüfft, weil es kaum eine inhaltliche Differenz gab, sondern das Problem vor allem in unserer Bereitschaft lag, uns »angegriffen« zu fühlen. Das heißt, der Konflikt entstand erst durch die Deutung des Verhaltens des anderen.

Die Situation könnte sich aber auch anders entwickeln. Vielleicht erinnert Lisa zwar an den Giraffenfallschirm und beiden gelingt der Stopp, aber Leon schafft es im inneren Dialog erst einmal nicht alleine, seine Giraffenkraft wiederzufinden. Wenn es Lisa im inneren Dialog gelungen ist, sich erneut in ihrer Souveränität zu verankern, könnte der äußere Giraffentango auch so beginnen, dass Lisa sich zunächst Leon einfühlsam zuwendet:

Lisa: »Leon, ich vermute, dein Ärger hat mit meiner Äußerung zu tun, ich wolle sicher sein, dass unsere Verabredung in

Köln dann auch stattfindet. War das für dich ein Auslöser? Ich möchte gern hören, was da in dir vorgegangen ist. Magst du es mir erzählen?«

Leon:»Ich bin mir noch nicht ganz im Klaren, aber ich probier's mal. Als ich dir angeboten habe, nach Köln zu kommen, weil du dort zu tun hast, und dann von dir sinngemäß höre, dass du denkst, ich komme ja doch nicht, habe ich mich geärgert. Aber irgendwie bin ich auch ein bisschen traurig. Bloß weil irgendwann einmal was schiefgelaufen ist, will ich nicht immer wieder unter so einem Verdacht stehen!«

Lisa:»Wenn ich das höre, verstehe ich, dass du dich geärgert hast. Und dass du traurig bist, weil dir wichtig ist, in einem positiven Licht gesehen zu werden.«

Leon:»Ja, ich will nicht immer wieder das alte Zeug hören. Ich glaube, ich brauche Zuversicht.«

Lisa:»Ich spüre deine Traurigkeit und wie wichtig es dir ist, dass ich dir Offenheit und Wohlwollen entgegenbringe.«

Leon:»Das stimmt.«

Lisa:»Ich finde auch, das ist eine wichtige Basis für das Vertrauen zwischen uns. Und für die Offenheit, um miteinander zu wachsen. Hast du eine Idee, was wir konkret tun können, um das zwischen uns zu stärken?«

Leon:»Zuallererst habe ich an mich selbst die Bitte, dich immer zu fragen, wie du es meinst, sobald mich etwas stört. Und ich wünsche mir, dass du dich nicht irritieren lässt, wenn doch erst meine Wölfe losschießen. Es wäre schön, wenn du dann so ruhig mit mir sprechen würdest wie gerade.«

Ist nur einer der beiden in der Lage, sich in sich selbst und in den Partner einzufühlen, dann ist der Giraffentango trotzdem möglich, aber schwieriger. Natürlich ist der Einsatz für diese »Verbindungsarbeit« gelegentlich einseitig. Wenn es allerdings zu einer dauernden Schieflage kommt, kann das Bedürfnis nach Gleichwertigkeit der Partner nachhaltig beeinträchtigt werden.

Der entscheidende Schritt, um aufkommende dicke Luft zu entspannen, liegt darin, möglichst frühzeitig aus dem Reiz-Reaktions-Mechanismus aufzuwachen, mir darüber klar zu werden, was gerade in mir los ist, und mich bewusst zu entscheiden, wie ich mich nach außen verhalten will.

In Kürze:
Der »Giraffenkompass«

Noch einmal zur Übersicht die Grundschritte und sprachlichen »Formeln«, an denen ich mich beim Giraffentango orientieren kann:

1. **Beobachtung:** *»Wenn ich sehe/höre …,*

2. **Wohlwollendes Denken:** *… denke ich …*
   (meine Deutung und Bewertung der Situation, wenn ich mir selbst und dir eine gute Absicht unterstelle)

3. **Gefühle:** *… und fühle mich …,*

4. **Bedürfnisse:** *… weil ich … brauche.*

5. **Bitte:** *Bitte …!«*

1. Autsch!
Ich merke, etwas hat mich getroffen, die Luft wird dick.

2. STOPP! Reißleine am Giraffenfallschirm!
Ich halte inne und fange an, mir der Situation und des Prozesses bewusst zu werden.

3. Zu mir kommen! Atmen! Füße spüren! Giraffenkraft wachrufen! (Siehe 6. Kapitel: Kraftquellen)

4. Innerer Dialog

- Ich verbinde mich in den fünf Schritten –
  *Beobachtung, wohlwollendes Denken, Gefühle,
  Bedürfnisse, Bitte –*
  fürsorglich mit mir selbst.
- Ich vermute auf gleiche Weise –
  *Beobachtung, wohlwollendes Denken, Gefühle,
  Bedürfnisse, Bitte –,*
  wie es meinem Partner geht.

5. Äußerer Dialog
Ein hin und her schwingender Tanz von Sprechen, Hören, Übersetzen und Gehörtwerden:

- Ich entscheide mich, wohlwollend und unvoreingenommen zuzuhören.

- Ich äußere mich im Sinne der fünf Schritte.
- Ich übersetze Vorwürfe, Bewertungen und Selbstanklagen in Gefühle und Bedürfnisse.
- Ich gehe freundlich mit mir um, auch wenn mir diese Übersetzung nicht vollständig gelingt.

Ideal ist natürlich, wenn in beiden Beteiligten möglichst schnell die Giraffen aufwachen, sofern eine emotionale Tretmine in die Luft gegangen ist und die Wölfe zu heulen oder die Schafe zu jammern beginnen. Oder wenn es zumindest einem von beiden gelingt, aus dem Automatismus auszusteigen und an den Giraffenfallschirm zu erinnern, und wenn sich der andere bereitwillig darauf einlässt. Dann kann nach einer inneren Klärungsphase der äußere Giraffentango beschwingt beginnen.

Ähnlich wie es im argentinischen Tango einige grundlegende Figuren gibt, deren Ausformung jedoch in der Gestaltungsfreiheit der einzelnen Tänzer liegt, gibt es auch beim verbalen Giraffentango jede Menge Spielraum für Kreativität, um die fünf grundlegenden Schritte je nach Situation, Temperament und Geschmack zu variieren.

5. AUSLÖSER UND URSACHE – DIE INNERE GEWALTHERRSCHAFT

»Wenn du einen Riesen siehst, der mit dir
kämpfen will, dann sei ohne Furcht.
Untersuche zuerst den Stand der Sonne,
dann wirst du sehen, dass der Riese
vielleicht nur der Schatten eines Zwerges ist.«

Chinesisches Sprichwort

Nachdem wir inzwischen den Giraffentango mit Wolf und Schaf in verschiedenen Abläufen und Variationen getanzt haben, möchte ich dich zum komplexesten, innersten Tanz der fürsorglichen Selbstverantwortung mitnehmen. Es geht um die Gewaltherrschaft zwischen Wolf und Schaf in meinem Inneren, die in meiner Wolfs- und Schafssprache ertönt. Sie ist der Klang, der durch die Auslöser in der Beziehung zu meinem Partner wie mit einem Lautsprecher hundertfach verstärkt zu mir zurückschallt. Die Ursache, weshalb ich die Situation so wahrnehme oder die Worte meines Partners so höre, liegt in meinem Inneren. Hier nimmt ein großer Teil der Gewalt ihren Anfang. Und hier liegt mein wirksamster Einflussbereich. Diesen feinen Unterschied zwischen Auslöser und Ursache wahrzunehmen – das bedeutet zugleich: mich hundertprozentig zuständig zu bekennen für das, was in mir geschieht; das heißt: radikale Selbstverantwortung zu übernehmen.

Ich habe in den vergangenen zwei Jahren mehr denn je erlebt: Wo ich innerlich den stärksten Widerstand dagegen leiste, mir meiner eigentlichen Beweggründe bewusst zu werden, »zwingen« mich die Liebe zu meinem Partner und meine Sehnsucht nach einer erfüllten Liebesbeziehung immer wieder, mich zu öffnen. Meiner eigenen inneren Gewalttätigkeit bis in die Tiefe rückhaltlos zu begegnen, ist der konsequente Weg, um schließlich auch aus der Gewalt in meiner Paarbeziehung herauszuwachsen – ein höchst fruchtbares persönliches Arbeitsfeld. Indem ich die Spur meiner inneren Gewaltherrschaft aufgreife und mich ihr mit Selbstverantwortung, Wertschätzung und Mitgefühl tief und umfassend zuwende, beginne ich, sie in meinem Herzen zu erlösen und mit mir selbst Frieden zu schließen. Dann finden umherfliegende Zündfunken immer seltener Pulverfässer in mir, die mich explodieren oder ins Schafsverlies rutschen lassen.

Der Verlust des Paradieses – Vom Ursprung von Wolf und Schaf

Woher kommen der Wolf und das Schaf in uns? Wie sind sie eigentlich entstanden?

Bei meiner Antwort auf diese Fragen hat mich das Kern-Schalen-Modell von Samuel Widmer inspiriert, wie es von Christoph Thomann aufgegriffen wurde.

Im Ursprung sind wir empfindsame, lustvolle, offene Energiewesen. Diese ursprüngliche Verbundenheit und Offenheit symbolisiert die Giraffe. Doch wir sind am Anfang unserer Existenz vollständig auf Fürsorge und Wärme angewiesen, um zu überleben. Die Menschen, die uns umgeben, kümmern sich aber aus eigener Überforderung und Bedürftigkeit nicht immer so um uns, wie wir es gerade brauchen. In dieser Entbehrung erleben wir uns ohnmächtig, hilflos, einsam, verzweifelt und ausgeliefert.

In gewissem Maß gehören diese Erfahrungen zu jeder menschlichen Biografie. Sie bilden eine erste Schicht von schmerzhaft zusammengezogenem Weh um das offene Wesen, das wir im Ursprung sind. Im Lauf der Zeit entstehen daraus Überzeugungen wie »Ich bin nicht wichtig«, »Ich bin nicht gut genug«, »Ich bin ohnmächtig«, »Ich bin verlassen«. Diese Gedanken und Gefühle symbolisiert das Schaf.

Würden die Menschen unserer Umgebung auf seine Not tröstend und liebevoll reagieren, könnten wir von hier aus noch in unser ursprüngliches, mit dem Leben strömendes Sein zurückfinden. Doch unsere Bedürfnisse werden von den Menschen um uns herum immer wieder als störend und lästig empfunden, werden ignoriert, abgelehnt und zurückgewiesen.

Aus Verzweiflung über die Unerträglichkeit dieser leidvollen Gefühle beginnen wir, mit allen Mitteln um uns zu schlagen. Wir trotzen, schreien und toben. Aus diesen sekundären »harten« Gefühlen von Trotz, Wut, Misstrauen, Eifersucht und Neid bildet sich eine zweite trennende Schicht. Langsam entsteht unser innerer Wolf, mit dem wir uns einerseits schützen, durch den wir uns aber gleichzeitig von unserem innersten Wesen weiter entfremden.

Wird unser Aufruhr von den Erwachsenen als existenzieller Schrei nach Hilfe verstanden und von ihnen verständnisvoll und warmherzig aufgenommen, können wir loslassen. Dann zeigt sich die Not der ersten Schicht wieder, die das Schaf symbolisiert, und kann sich nach und nach lösen. Der strömende Energiezustand unseres innersten Kerns breitet sich in uns aus.

Meistens wird uns aber unser trotzig rebellierendes Verhalten nicht die warmherzige Geborgenheit einbringen, um die wir eigentlich kämpfen. Stattdessen wird der heftige Ausdruck als ungezogen gedeutet und bestraft – was unsere zweite Schutzschicht weiter verhärtet. Wir sind gefangen in einem ohnmächtig rebellierenden Wolf, können die Weh-Gefühle unseres Schafes immer weniger fühlen, und die warmen Kräfte unseres Giraffenkerns werden schier unerreichbar.

Mit der Zeit lernen wir, dass auch diese verzweifelten Aktionen uns nicht das wohlwollende Verständnis einbringen, nach dem wir uns sehnen. Wir fügen uns der Erfahrung, nur geliebt und angenommen zu werden, wenn wir nett sind und so funktionieren, wie es von uns erwartet wird.

Indem wir mehr und mehr dem Bild entsprechen, das unsere Umgebung von uns haben möchte, bilden wir als letzte Rettung eine dritte Schicht: die Schicht der Anpassung. Das Schaf wird brav, der Wolf duckt sich. Unsere ursprünglich unerschöpfliche, lebendige Kraft ist vollständig in den Tiefen unserer automatisch funktionierenden Persönlichkeit verschwunden, und wir rollen fortan auf den festliegenden Gleisen unserer Muster durchs Leben.

Das Gefängnistor der Selbstentfremdung ist zugefallen. Als Gefängniswärter haben die verurteilenden, vorwurfsvollen Stimmen unserer Erzieher von damals in uns selbst Fuß gefasst und wenden sich als unser verinnerlichter Wolf gegen unser Schaf.

In diesem inneren Durcheinander und Gegeneinander erfüllen viele unserer Strategien, mit denen wir uns seither durchs Leben schlagen, unsere Bedürfnisse nur ansatzweise oder mit sehr schädlichen »Nebenwirkungen«. Ja, häufig sind wir uns selbst so fremd geworden, dass wir den Zugang zu unseren Bedürfnissen überhaupt verloren haben und uns nur noch am Außen, an den anderen, orientieren. Doch in uns brennt die Sehnsucht nach unserer ursprünglichen seelischen Heimat. Um dieses Drängen zu beruhigen, greifen wir leider häufig zu Strategien, die uns nicht guttun, wie permanente Selbstüberforderung, Alkohol und jegliche Formen von Suchtverhalten.

Bildhaft gesprochen gleicht unser ursprüngliches Wesen einem blühenden Garten, in dem die lebendigen Kräfte üppig sprießen. Die schmerzlichen Gefühle des Schafs bilden eine Zone mit scharfen Glassplittern um diesen paradiesischen Garten herum: Geh nicht hierher, hier tut's weh! Als nächste Schicht kommt eine Mauer mit Wehrgängen, Schießscharten und Wachtürmen: Halte dich fern, sonst tu ich dir weh! Die äußere Anpassung schließlich ist die Tarnung dieser Mauer durch ein fotorealistisch gemaltes Bild, das den ursprünglichen paradiesischen Garten darstellt. Bei einer flüchtigen Begegnung erliegt man vielleicht der Illusion, es mit dem Garten selbst zu tun zu haben. Es ist aber nur eine Vorspiegelung, ohne lebendige Anwesenheit, ohne Echtheit, ohne Tiefe.

In Konfliktsituationen und bei psychischem Stress entstehen allerdings manchmal Risse in den Schichten, und tief vergrabene Wut, Gefühle der Verlassenheit, Ohnmacht und Wertlosigkeit dringen aus der ersten Schicht zu uns herauf. Das macht uns Angst. Wir fürchten, von diesen heftigen Gefühlen überrollt zu werden, und wenden uns erbittert gegen die äußeren Auslöser, anstatt den wahren »Feind« in unserem eigenen Inneren zu erkennen: die beißende Gewaltherrschaft des Wolfes sowie die Schuld und Scham und den verdrängten Schmerz des Schafes. Wir greifen unsere Partner an und reiben uns in zerstörerischen Kämpfen auf, ohne dass uns unsere »optische Täuschung« bewusst wird, die uns den Partner mit unserem inneren Wolf oder unserem inneren Schaf verwechseln beziehungsweise mit unseren früheren Bezugspersonen gleichsetzen lässt.

Diese erbitterten äußeren Kämpfe werden überflüssig, wenn wir uns ein Herz fassen und uns neugierig unserem Inneren widmen. Mit der Selbstbewussten Kommunikation treten wir aus der Blindheit unseres Wolf- und Schafseins heraus. Wir verbinden uns bewusst mit unserer Achtsamkeit, fürsorglichen Selbstverantwortung, Wertschätzung und Einfühlsamkeit und treten mit Wolf und Schaf in Beziehung. So können wir selbst ihnen das geben, was wir uns einst von unseren früheren Bezugspersonen oder später von unseren Partnern gewünscht hätten. Wir erfahren die tiefe Freude, die in einem offenen Herzen leuchtet, und können unsere Schafs- und Wolfserfahrungen in dieser Wärme und Freundlichkeit bergen.

Die erbitterten äußeren Kämpfe werden überflüssig, wenn wir uns ein Herz fassen und uns neugierig und wohlwollend unserem Inneren widmen.

Schafsfrühling

Zunächst ein Beispiel dafür, was mein Wolf anrichten kann, wenn er sich auf mich selbst stürzt und ich seine Urteile aufgrund alter Muster unbesehen akzeptiere. Dann glaube ich dem, was er sagt, und wehre mich nicht – ich werde zum Schaf. Doch es ist mein eigener Wolf, der das bewirkt, niemand sonst. Die Erlösung beginnt, wenn sich auch meine innere Giraffe, das heißt mein bewusstes, selbstverantwortliches, mitfühlendes Wesen, an dem Prozess beteiligt. Dann kann ich aus dem festgefahrenen und aufreibenden Hin und Her zwischen Wolf und Schaf aussteigen und anfangen, als Giraffe mit meinem inneren Wolf in Beziehung zu treten. Das erleichtert meinen schafigen Anteil ungemein; er kann sich allmählich sicherer fühlen, und seine alten Wunden beginnen zu heilen.

Vera, Mode-Designerin und freie Künstlerin, kommt zum Coaching, weil sie kurz davor steht, eine Außenbeziehung aufzunehmen, und fürchtet, ihre Ehe könnte daran zerbrechen. Sehr bald wird deutlich: Der wesentliche Grund für diesen Impuls liegt darin, dass sie sich ihrem Mann gegenüber äußerst minderwertig und sich von ihm wenig wertgeschätzt fühlt. Das wirft sie ihm voller Bitterkeit regelmäßig vor. Die beiden verwickeln sich immer wieder in heftigen Streit. Der andere Mann hingegen findet sie begehrenswert

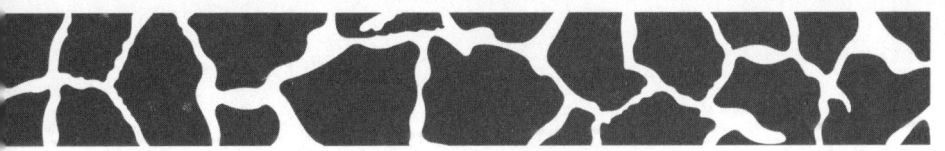

und wundervoll und gibt ihr dies nachhaltig zu verstehen. Seine Verehrung hat bei Vera ein völlig neues Selbstbewusstsein geweckt – und die aktuelle Krise ausgelöst. Jetzt ist sie hin und her gerissen, wie es weitergehen soll, und will mehr über ihre eigenen Hintergründe herausfinden.

Zu einer Sitzung bringt sie eine Zeichnung mit, in der sie sich erstmals getraut hat, etwas umzusetzen, das sie bisher für ihre künstlerische Arbeit als zu uninteressant und bieder verurteilt hat, obwohl es sie im Herzen berührt: ihre Beziehung zu ihrem vor sechs Monaten geborenen Töchterchen.

Schon beim Zeichnen war sie überrascht und fast erschrocken gewesen, wie viel Sanftheit, Liebe und Hingabe sie dabei bewegten. Sie hatte sich bisher nie getraut, so viel Persönliches in eine Arbeit zu legen. Während wir uns gemeinsam die Zeichnung betrachten, eine mit feinen Buntstiftschattierungen angelegte Rose auf schwarzem Tonpapier, treten Vera die Tränen in die Augen: »Wenn ich das anschaue, sage ich mir sofort: So ein Quatsch! Naiv, sentimental und esoterisch. Das ist doch überhaupt nicht originell! Niemand will so etwas auf dem Kunstmarkt sehen.«

Sie fühlt sich hin und her gebeutelt zwischen ihrer sehr authentisch erlebten Zartheit und Berührung beim Zeichnen und dieser giftig entwertenden Kritik, mit der sie den sichtbaren

Ausdruck ihrer Zärtlichkeit und Liebe verunglimpft. Kein Wunder, dass Veras Selbstwertgefühl im Keller ist.

»Ich mache etwas, das mich wirklich innerlich angeht, und schon falle ich selbst darüber her und zerreiße es in der Luft. Ich weiß überhaupt nicht, wie ich aus diesem Widerspruch rauskommen soll.«

Ich lege ein Blatt auf den Boden und bitte Vera, sich vorzustellen, dass dort ihr giftiger, kritisch entwertender innerer Wolf sitzt, mit dem sie nun direkt sprechen kann. Das ist zunächst ungewohnt und braucht eine Weile der Besinnung. Dann bricht ein verzweifeltes Schluchzen aus ihr heraus und sie ruft: »Du machst so viel kaputt. Alles erstickst du im Keim. Ich möchte, dass du verschwindest!«

Vera ist überrascht, dass sie eine ganz deutliche Reaktion bei ihrem Wolf wahrnehmen kann: Er schaut sie erstaunt an und wird nachdenklich.

Inzwischen hat sie eine kleine Wolfsfigur ins Auge gefasst, die auf meiner Fensterbank steht. Dass der Wolf jetzt da drüben sitzt und sie ihm außerhalb von sich selbst begegnen kann, lässt sie einen Seufzer der Erleichterung ausstoßen. Vera spricht weiter, gewinnt zunehmend Vertrauen in das Vorgehen. Sie merkt, dass sie sich noch mehr in diesen Dialog hineinversetzen kann, wenn ihr etwas konkret Sicht- und Greifbares gegenübersteht. Voller Verzweiflung und Zorn sagt sie ihm, wie sehr er sie durch seine entwertenden Worte schwächt. »Ich fühle mich so minderwertig und unwichtig, wenn ich dir zuhöre! Du entmutigst mich ständig – und machst mich da-

*mit so unsicher, dass ich nicht mehr ein noch aus weiß!« Sie
setzt ihren Dialog noch eine Weile fort. Allmählich ist eine
deutliche Entspannung fühlbar.*

*Ich schlage vor, ihm ihre Erkenntnis zu verstehen zu ge-
ben, dass er in der Tiefe auch eine gute Absicht hat, nämlich
ihr zum Erfolg als Künstlerin zu verhelfen. Daraufhin fühlt sich
ihr innerer Wolf gesehen und gewürdigt. Er wird freundlicher,
kooperativer, und Vera gewinnt zunehmend an Stärke und
Zuversicht.*

*Sie äußert sich immer selbstbewusster:»Ich spüre jetzt
deine Kraft und Durchsetzungsfähigkeit. Damit könntest du
mich unterstützen und ermutigen. Dass du mich bisher mit
deiner Kritik derartig niedergemacht hast, ist völlig unpassend. Ich brauche Unterstützung, um an einer Sache dranzu-
bleiben. Die kannst du mir geben, damit ich unter Druck nicht
immer tausenderlei anpacke, ohne etwas fertig zu machen.«*

*Vera ist ganz begeistert von dieser ersten Auflösung
ihres inneren Konfliktes. Sie nimmt den Wolf mit nach Hause
und will den aufgenommenen Dialog mit ihm weiterführen,
um die Erfahrung zu festigen, dass sie ihn zu einer unter-
stützenden Kraft wandeln kann.*

Vera ist zu ihrem inneren Wolf in Beziehung getreten, dem sie
sich hilflos ausgesetzt fühlte, solange sie denken kann. Seine
strengen Verurteilungen haben sie zum Schaf werden lassen,
das sich nichts zutraut und sich minderwertig fühlt. Doch
jetzt hat sie sich ein Herz gefasst und ist diesem inneren Wolf

entgegengetreten. Sie hat sich in ihrer Innenwelt als selbstbewusste Giraffe verhalten und überrascht erfahren, dass sie Einfluss auf ihn hat; dass er sich im Dialog verändert und zum Verbündeten werden kann. Die Geringschätzung ihres Mannes hat immer an diesen wunden Punkt in ihr gerührt, an ihre Geringschätzung sich selbst gegenüber. Indem sie sich jetzt der ursächlichen Wirklichkeit in sich selbst zuwendet, hat sie die wirkungsvollste Möglichkeit gefunden, um auf die Situation Einfluss zu nehmen. Natürlich werden sich durch ihre innere Veränderung auch ihre äußeren Beziehungen verändern.

Je nachdem, auf welcher Etappe unseres Giraffenpfades wir uns gerade bewegen, haben wir unterschiedliche Herausforderungen zu bewältigen. Bei Vera bestand der wesentliche Schritt darin, sich energisch gegen die zersetzenden Vorwürfe ihres inneren Wolfes zu verwahren. Es gelang ihr, diesem inneren Diktator endlich die Peitsche aus der Hand zu nehmen und sich in ihrem Inneren Raum zu verschaffen, in dem Milde und Freundlichkeit zu wachsen beginnen können.

Im folgenden Beispiel hat Max es mit einem ähnlichen Wolf zu tun – und dahinter traut sich sein schuldbewusstes Sündenböckchen hervor.

Unser verurteilender Wolf verändert sich im Dialog und wird zum Verbündeten.

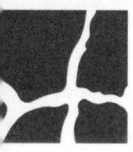

Monsterwolf und Sündenböckchen

Wenn ich meinem inneren Wolf immer wieder mit meinem stabiler werdenden Giraffengeist entgegentrete – sei es in kraftvoller Abgrenzung oder in einfühlsamer Verbindung –, wird meine Wolfskruste aus Verurteilungen, Entwertungen und Beschuldigungen allmählich weicher. Dahinter kann sich dann mein Schaf hervortrauen, sodass ich es unmittelbar zu fühlen beginne. Dann kann ich auch mit ihm einen inneren Dialog aufnehmen. Indem ich gleichzeitig mit meinem Wolf und mit meinem Schaf im Kontakt bin, kommen sich die beiden näher. Meine innere Anspannung lässt nach, die Atmosphäre wird grundsätzlich friedvoller und mein Tanz leichter und beschwingt.

Max ist Chirurg und hat am Wochenende Dienst im Krankenhaus. Nina, seine Frau, ruft ihn am Samstagvormittag dort an und will wissen, wo der Schlitten ist. Über Nacht hat es zum ersten Mal geschneit und sie hat dem siebenjährigen Sohn Mario versprochen, mit ihm auf die Rodelbahn zu gehen.

Max wird es siedend heiß: Der Schlitten ist in seinem Kofferraum! Er hat abends zuvor zwei Freunde nach dem Sport in die Kneipe mitgenommen und den Schlitten vom Rücksitz in den Kofferraum gepackt. »Aus den Augen, aus dem Sinn« hatte er dann vergessen, ihn zu Hause herauszustellen. Nach einem kurzen, verärgerten Disput fährt Nina ihn an:»Du hast uns den ganzen Tag verdorben!«, und legt auf.

Für Max, der sich ohnehin schon streng für sein »Versagen« tadelt, ist dieser Satz Öl auf die Flammen seiner Selbstverurteilung. Mit der Unterstützung durch Ninas Vorwurf läuft sein innerer Wolf zu wahrem Monsterformat auf: »Du bist doch wirklich das Letzte! Sie hat völlig recht: Du bist unzuverlässig und egoistisch bis zum Abwinken! Dich im Fitnessstudio rumtreiben und mit deinen Freunden feiern. Zu mehr reicht's eben nicht. Du brauchst dich wirklich nicht zu wundern, dass deine Frau sich von dir trennen will.«

Max hat Übung mit der Selbstbewussten Kommunikation. Sofort steht ihm der Giraffenkompass vor Augen, den er zu Hause am Spiegel hängen hat:

1. Autsch!
2. STOPP! Reißleine am Giraffenfallschirm ziehen!
3. Giraffenkraft wachrufen! Atmen. Füße spüren. Zu mir kommen.
4. Innerer Dialog. Selbsteinfühlung. 5 Schritte.

»Mein Auslöser ist Ninas Satz: ›Du hast uns den ganzen Tag verdorben!‹ STOPP! Wach werden!« Max atmet tief durch, wird sich seiner Füße auf dem Boden bewusst und kommt da-

mit in seinem körperlichen Hier und Jetzt an, während gleichzeitig der vernichtende Wolfssturm in ihm weitertobt. Er versucht, sich eine von liebevoller Fürsorge getragene Situation in Erinnerung zu rufen, um seine Giraffenkraft zu beleben. Doch es will ihm nicht gelingen. Die zersetzenden Attacken seines inneren Wolfes haben eine enorme Kraft. Er schimpft weiter auf Max ein und macht sich über sein freundliches Bemühen nur hämisch lustig. Max' warmherzige Souveränität, sprich Giraffenkraft, ist im Augenblick nicht stark genug. Um das zu ändern, sammelt sich Max innerlich und tritt dann dem Wolf mit einem energischen, zur Bekräftigung laut ausgesprochenen »Halt, das reicht!« entgegen. »Ich habe absolut keine Lust auf deine giftigen Tiraden, mit denen du grad wieder auf mir herumtrampelst und mich niedermachst. Du kannst mir jetzt den Buckel runterrutschen!« Er spürt, wie er damit stark wird und der Wolf überrascht innehält.

Ihm wird klar, dass Nina mit ihrem Satz eine Stelle getroffen hat, an der ihn sein eigener Wolf immer wieder heftig angreift und zerfleischt. In einer ähnlichen Situation hat er während einer Coaching-Sitzung darin die Stimme seines überaus strengen Vaters wiedererkannt, um dessen Anerkennung er sein ganzes Leben lang vergeblich gekämpft hat.

Nachdem er die überwältigende Turbulenz seines inneren Wolfssturms zum Abflauen gebracht hat, wird Max sein körperliches Unwohlsein bewusst. Ihm ist übel; es fühlt sich an, als würde ein Stein auf seinem Solarplexus liegen. Beim genaueren Hinspüren taucht sein inneres Schaf auf, schuld-

bewusst und verängstigt zusammengeduckt. Unter den bissi-
gen Anschuldigungen des Wolfes ist es zum »Sündenböck-
chen« zusammengeschnurrt. Max ist erschüttert über seine
Jämmerlichkeit und nimmt innerlich Verbindung auf: »Hallo,
du Sündenböckchen-Schaf, jetzt bin ich da. Merkst du es?«
Unter seiner warmherzigen Zuwendung wird das Schaf auf-
merksam, hebt vorsichtig den Kopf. »Ich sehe, wie du dich vor
dem Donnerwetter dieses Monsterwolfes gefürchtet hast. Du
hast es dir sehr zu Herzen genommen. Aber du brauchst keine
Angst zu haben. Jetzt bin ich da und sorge für ein anderes
Gesprächsklima.« Durch Max' Wohlwollen taut sein »Sünden-
böckchen« weiter auf. Der steinerne Krampf in seinem Solar-
plexus wird weicher, auch die Übelkeit lässt nach.

In dieser Situation ist es Max gelungen, sich bewusst für den
inneren Giraffentango zu entscheiden, statt den äußeren
Streit mit Nina innerlich fortzusetzen. Mit etwas Anlauf hat
er seine selbstfürsorgliche Giraffenkraft so gestärkt, dass er
seinem ätzenden Wolf immerhin eine klare Grenze setzen
konnte. Er hat sich mit Nachdruck für eine wohlwollende
Haltung stark gemacht: Dadurch konnte auch sein schuldbewusstes Schaf, das er zunächst nur durch seine körperlichen Symptome wahrgenommen hatte, fühlbar hervortre-
ten. Max wendet sich dem jämmerlich zerknirschten Anteil
von sich selbst freundlich und aufmunternd zu. Indem er die
Giraffenposition einnimmt und von dort eine Beziehung zu
diesen beiden Anteilen aufnimmt, unterbindet er die blinde

innere Gewalttätigkeit, mit der sein Wolf über sein Schaf herfällt. Er befriedet den erbitterten Kampf in seiner Seele.

Ohne sich dafür zu prügeln oder schuldig zu fühlen, kann Max nun aufrichtig bedauern, dass er vergessen hat, den Schlitten auszupacken, und dass Nina deswegen nicht mit Mario zum Rodeln gehen kann. Weder macht er sich mit unbarmherzigen Wolfstiraden nieder, noch versinkt er als »Sündenböckchen« im Erdboden. Er hat das unselige innere Gezerre beendet.

Nachdem seine Aufmerksamkeit nicht mehr in diesem zermürbenden Kampf gebunden ist, kommen ihm spontan neue, fruchtbare Ideen für die Schlittenpartie: Vielleicht muss sie ja gar nicht ausfallen? »*Nina könnte einen neuen Schlitten kaufen oder sich einen bei den Nachbarn ausleihen. Ich könnte mir einen halben Tag freinehmen und selbst mit Mario durch den Schnee stapfen. Ich könnte ein Taxi bestellen und den Schlitten ›per Boten‹ nach Hause schicken – oder einen Freund bitten, ihn abzuholen. Oder Nina könnte den Schlitten sogar abholen – sie fährt auf dem Weg in den Taunus sowieso fast hier bei mir vorbei.*«

Frohgemut ruft Max Nina zurück, bereit, auch ihrer Enttäuschung zunächst einfühlsam zu begegnen, und stolz darauf, wie er die Situation gemeistert hat.

Indem wir eine Beziehung zu Wolf und Schaf aufnehmen, befrieden wir den Kampf in unserer Seele.

Mit der Giraffe ins Schafsverlies –
Wenn nichts mehr geht

Wenn ich meinen inneren Wolf nach und nach zum Freund gewonnen habe und er sich in zunehmender Vertrautheit immer öfter als Verbündeter zeigt, trennen mich keine Wolfskrusten mehr von der Welt meines Schafes. Dann wird diese innerste trennende Zone um den blühenden Garten meines Kerns zugänglich, und ich kann eine weitere Schicht meiner Selbstentfremdung auflösen.

Das folgende Beispiel ist eine schwieriger verlaufende Variante des Restaurantgesprächs zwischen Leon und Lisa aus dem vierten Kapitel. Nehmen wir an, Lisa hat sich darum bemüht, wieder mit Leon in Verbindung zu kommen, aber er ließ sich nicht erweichen und grollte. Für Lisa geht es dann im Folgenden darum, dem Schmerz ihres Schafes mit der Präsenz und Empathie ihrer Giraffe standzuhalten, um ihn in ihrem Herzen aufzuheben. »Schäfchen kraulen« ist dafür unser geflügeltes Wort geworden.

Also: Crash im Restaurant wie gehabt. Lisa schweigt zunächst, vollzieht einen kurzen inneren Selbsteinfühlungsprozess, um sich zu stärken, und wendet sich dann Leon zu. Doch vergeblich. Leon grollt. Sie bemüht sich eine Weile, dann lässt ihre Kraft allmählich nach. Wolf und Schaf tauchen wieder in ihr auf. »Ich bin es echt leid, mich immer so abstrampeln zu

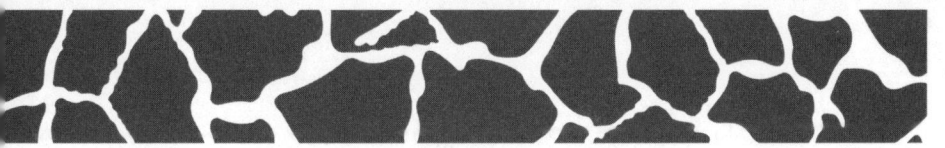

müssen, damit wir wieder in Kontakt miteinander kommen. Immer ich!«

Tief frustriert hört sie schließlich auf, um die Verbindung zu Leon zu ringen, und beginnt, ihr Alleinsein zu fühlen. Sie verbringen die Nacht in getrennten Zimmern.

Ende des ersten Aktes. Kennst du solche Abläufe?

Der Giraffenkompass und die fünf Schritte führen nicht immer zu einem »Quickfix«. Vor allem bei emotional stark aufgeladenen Themen sind sie kein Allheilmittel. Aber ganz sicher sind sie eine höchst wirksame Möglichkeit, alleine und miteinander herauszufinden, worum es eigentlich geht und was ansteht, auch wenn manchmal mehrere Anläufe notwendig sind. Der Giraffenkompass und die fünf Schritte können helfen, dass wir konstruktiver miteinander sprechen und die wirklich passenden Lösungen finden. So eine »Lösung« kann manchmal auch die Erkenntnis sein, dass wir erst einmal eine Zeit für uns alleine brauchen oder Hilfe nötig haben, weil wir nicht alleine weiterkommen.

Lisa kann nicht einschlafen, so sehr ist ihr Inneres in Aufruhr. Sie beschließt, die Situation nochmals durchzugehen und zu erforschen, was genau los ist. »Also, im Restaurant war ich erst sehr erschrocken und frustriert, weil in einem vertrauten, entspannten Gespräch ein Satz von mir bei Leon eine so heftige Reaktion auslöst, dass er den Kontakt zu mir komplett abbricht.

Ich kann das einfach nicht fassen! Eine Zeitlang habe ich seinen Groll und seine Ablehnung als ›unglücklichen Ausdruck seiner Bedürfnisse‹ genommen und mich eben bemüht, ihn noch irgendwie zu erreichen. Nichts, keine Antwort! Ich habe die Nähe und Vertrautheit, die wir gerade noch hatten, sehr schmerzlich vermisst und mich immer mehr wie in einer Eiswüste gefühlt – und zunehmend ohnmächtig. Und jetzt?*

Mir ist total elend. Ich muss mich ganz schön anstrengen, mich immer wieder in der Giraffenkraft zu verankern und präsent zu bleiben.*

Mir sitzt so eine bange, zittrige Unsicherheit in den Knochen. Ich sehe mich plötzlich als kleines Mädchen. Und ich sehe meine Mutter, die gestikuliert und viel redet, und dann sagt sie angewidert: ›Schäm dich!‹, und lässt mich stehen. Ihre Verachtung trifft mich schmerzhaft wie ein Schlag. Ich fühle mich wie ausgelöscht, so richtig kläglich. Als wäre mein inneres Schaf in einem dunklen Verlies gelandet. Wie komme ich da wieder raus? Wo ist meine Giraffenkraft geblieben? Wie kann ich sie beleben? Keine Ahnung.*

Ich rufe einfach nach ihr! So aus der vollen Inbrunst meiner Not. Und – tatsächlich, jetzt fühle ich körperlich, wie sie aus meinem tiefsten Inneren auftaucht. Ein warmes Leuchten, und es wird immer kraftvoller. Ach, tut das gut! Und die-*

ses kleine Mädchen mit seinem Schmerz, seiner Beschämung und seiner Verlorenheit ist darin gut aufgehoben.«

Lisa bleibt eine Weile bei diesem Bild und den dazugehörigen Gefühlen. Mit ein paar tiefen Atemzügen löst sich die Spannung allmählich aus ihrem Körper.

»Puh, das war eine steinige Wanderung durch den Untergrund: von meinem Crash gestern mit Leon, durch die Glasscherben zurück in den blühenden Garten! Nun sehe ich sogar, wie mein kleines Mädchen fröhlich durch den Garten springt.«

Wie gesagt: Einfach, aber nicht leicht. Manchmal ist das so. Doch indem ich unbeirrt in den fünf Schritten tanze, deren Reihenfolge sich in so einem Freestyle-Prozess ruhig auflösen darf, übe ich, mir selbst in allem, was mich ausmacht, wohlwollend zu begegnen – in diesem Beispiel: im Schmerz und in der Scham eines kleinen Mädchens (der biografischen Wurzel des Schafes), die durch eine aktuelle Situation mit dem Partner ausgelöst wurden. Indem ich alleine oder gemeinsam mit meinem Partner diese alten Wunden mit der Salbe meiner wohlwollenden Präsenz und Zuwendung versorge, lösen sie sich allmählich auf. Manchmal sind diese Wunden jedoch auch so tief, dass eine professionelle Begleitung in Form eines Coachings oder einer Therapie angemessen ist.

Mit jedem derartigen Einfühlungsprozess läutere ich meine Gedanken, öffne mein Herz, und der blühende Garten meines innersten Wesens kann seine lebendige Kraft immer stärker entfalten.

Mit jedem Einfühlungsprozess läutere ich meine Gedanken und öffne mein Herz.

Die folgende Geschichte dient mir dabei immer wieder als Inspiration:

Am Rande der Wüste lebte ein Eremit. Eines Tages besuchte ihn ein Jüngling und klagte ihm sein Leid. »Ich lese so viel heilige Texte«, sagte er. »Ich studiere in den Büchern und vertiefe mich in die Schönheit der Worte. Ich möchte sie behalten und als einen Widerschein der ewigen Wahrheit in mir bewahren. Aber es gelingt mir nicht. Alles vergesse ich! Ist die mühevolle Arbeit des Lesens und Studierens umsonst?«

Der Eremit hörte ihm gut zu. Als er fertig war mit dem Sprechen, gab er ihm einen Binsenkorb. »Hol mir aus dem Brunnen dort drüben Wasser«, sagte er zu dem Jüngling.

»Hat er meine Frage nicht verstanden?«, fragte sich dieser. Widerwillig nahm er den vom Staub verschmutzten Korb auf und schöpfte Wasser, das längst herausgelaufen war, als er zurückkehrte.

»Geh noch einmal«, sagte der Eremit. Der junge Mann gehorchte. Immer wieder füllte er Wasser in den Korb, immer

wieder rann es zu Boden. Nach dem zehnten Mal konnte er aufhören.

»Sieh den Korb an«, sagte der Eremit. »Er ist ganz blank geworden. So geht es dir mit den Worten, die du liest und bedenkst. Du kannst sie nicht festhalten, sie gehen durch dich hindurch, und du hältst die Mühe für vergeblich. Aber ohne dass du es merkst, klären sich deine Gedanken und machen dein Herz rein.«

(Verfasser unbekannt)

Geh nicht zum Metzger, wenn du Blumen willst!

Auch das beharrliche Festhalten an ein und derselben und noch dazu nicht mehr passenden Strategie ist eine Form der Gewalt gegen mich selbst. Auch wenn diese Strategie »Einfühlsame Kommunikation« heißt!

Jahrelang hatte ich in meinen Partnerschaften darum gerungen, Verbundenheit zu spüren, wahrgenommen, gehört und verstanden zu werden. Als ich die Gewaltfreie Kommunikation kennenlernte, war ich deshalb von der Einfühlung in den anderen vollkommen fasziniert. Es war wundervoll, zu erleben, wie sich das Gegenüber öffnete und die Gespräche einen konstruktiven Verlauf nahmen. Immer wieder erlebte ich, dass meine Bedürfnisse nach Nähe und tiefer Verbindung endlich die Erfüllung fanden, nach der ich mich sehnte. Ich frohlockte und in meinem Herzen ging die Sonne auf.

Im Lauf der Zeit kam dann Unbehagen auf. Etwas irritierte mich an der Sache. Ich hatte große Lust auf eine einfühlsame Verbindung und war insofern sehr gerne bereit, mich meinem Partner entsprechend zuzuwenden. Wir führten lange Gespräche, in denen ich ihn einfühlsam bei seiner Selbstklärung unterstützte. Doch wenn ich dann fand, dass ich jetzt an der Reihe wäre, hatte er »genug geredet« oder

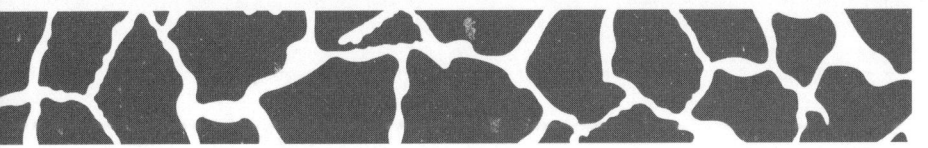

wollte etwas anderes tun. Ich war frustriert – und blieb beharrlich bei meinem Ansinnen, dass er mich hören sollte! Da ich grundsätzlich ein sonniges Naturell habe (schon in frühen Kindertagen als »Mamas Sonnenschein« erfolgreich konditioniert), überbrückte ich die Zeit des »Ist jetzt nicht, wird aber noch« damit, mich mit meinen Freundinnen auszutauschen und mich meinem Laptop anzuvertrauen.

Irgendwann veranlasste mich meine Irritation jedoch, mein Motiv für meine Einfühlung in meinen Partner genauer zu untersuchen. Dabei entdeckte ich, dass meine Empathie für ihn nicht nur aus Wohlwollen und Interesse an ihm lebte, sondern auch von meiner großen Bedürftigkeit nach Zugehörigkeit getrieben war. Unbewusst hatte ich geglaubt, sie nur auf diese Weise lindern zu können. Jetzt spürte ich meinen ungestillten Hunger nach Geborgenheit und meine Einsamkeit umso schmerzlicher.

Immer wieder stand ich bei meinem Partner vor einer frustrierenden Leere und Resonanzlosigkeit, die sich manchmal wie eine glatte Wand aus Teflon anfühlte, an der alles abperlte, und zu anderen Zeiten wie ungreifbarer, diffuser Nebel, in dem sich alle Lebendigkeit verlor. Ich war ratlos und zunehmend verunsichert.

Nichtsdestotrotz kämpfte ich weiter darum, wahrgenommen zu werden, indem ich ihn in seine Welt begleitete, während er sich mit meiner Welt nur selten aktiv beschäftigte. Mit enormem Kraftaufwand versuchte ich immer wieder, mir auf diesem Weg meine Bedürfnisse nach emotionaler Sicherheit und seelischer Geborgenheit zu erfüllen, aber meinem beharrlichen und vielfältigen Engagement war nur mäßiger Erfolg beschieden. Ich erschöpfte mich auf dem Giraffenpfad. Irgendetwas hatte ich offenbar missverstanden.

Heute weiß ich: Ich dachte, ich wäre eine einfühlsame, souveräne Giraffe – doch eigentlich war ich ein einfühlsames, Zugehörigkeit suchendes Schaf, dem das Giraffenfell gerade erst zu wachsen begann. Man könnte auch sagen: Meine Strategie hatte sehr schädliche Nebenwirkungen. Ich war emotional ausbeutbar und habe mich selbst ausgebeutet.

Es hat viele Jahre gedauert, bis endgültig Licht ins Verlies meiner beharrlichen Vernageltheit fiel und mir schlagartig vor Augen stand: Dass mein Partner mir zuhört, kann ich nur sehr bedingt beeinflussen. Damit aus Hören ein Anteil nehmendes, den anderen liebevoll und herzlich aufnehmendes Zuhören wird, ist vor allem die Absicht des Hörenden nötig. Deshalb liegen meine Gestaltungsmöglichkeit, mein Einfluss, meine fürsorgliche Selbstverantwortung vor allem darin, an wen ich mich mit meinem Wunsch, gehört zu werden, wende. Mir dieser Wahlmöglichkeit (auch emotional!) wirklich bewusst zu werden, lässt mich vom Opferlamm zur Giraffe werden. In meinen Seminaren und Coachings ist daraus das geflügelte Wort geworden:»Geh nicht zum Metzger, wenn du Blumen willst!«

Allerdings: Wer im Exil seiner Wolfs- und Schafskrusten feststeckt, hat tatsächlich erst wenig Potenzial dafür, einen anderen Menschen einfühlsam wahrzunehmen und ihm damit auf einer tieferen Ebene zu begegnen. Er ist sich einfach selbst noch zu fremd.

Für mich war es ein Quantensprung, als ich in voller Tragweite zu verstehen begann: Zuhören ist nichts, was von selbst geschieht und was jeder kann, sobald er sich darauf einlässt. Zuhören braucht Absicht, nachhaltige, entschiedene Absicht, sowie eine innere Haltung, die von Achtsamkeit, Wertschätzung und Empathie getragen ist. Es hängt natürlich eng mit der Persönlichkeit und der Beziehung zusammen.

Ich musste erst noch ein ordentliches Stück tiefer bei mir ankommen, um zu erkennen: Meine innere Gewalttätigkeit hatte ihre Wurzeln darin, dass ich − blind identifiziert mit meinem verloren umherirrenden Schäfchen − beharrlich das Muster wiederholte, das sich in der Beziehung zu meinem Vater gebildet hatte: so hoffnungsvoll wie vergeblich immer wieder zu versuchen, von seinen gleichgültigen Ohren gehört zu werden. Es brauchte Zeit und therapeutische Unterstützung, um mich aus dieser Blindheit (und dem Widerstand dagegen!) zu lösen und als warmherzige, selbstbewusste Giraffe neue Wege einzuschlagen.

Mein verlassenes Schäfchen musste sich jetzt nicht mehr blind mit alten Mustern abrackern. Es war in meiner bewussten Wahrnehmung und meiner Giraffenkraft im doppelten Sinn des Wortes aufgehoben. Ich versuchte, mir abzugewöhnen, vergeblich an verschlossene Türen zu pochen und zu tauben Ohren zu sprechen. Ich war nicht mehr »geschaft«, sondern hatte es endlich »girafft«.

Das heißt nicht, dass dieses Muster nie wieder in meinem Leben aufgetreten ist. Es folgten weitere schmerzhafte Erfahrungen, die tiefere Ebenen offenbarten. Je stärker meine Giraffenmuskeln wurden, desto realistischer konnte ich meinen Partner sehen und gelten lassen, anstatt gleichermaßen verzweifelt wie eindringlich etwas von ihm zu fordern, was er nicht geben konnte – obwohl er es vielleicht sogar gern gegeben hätte. Ich merkte auch, dass meine zutiefst ungestillten Bedürfnisse nach Nähe, Zugehörigkeit und Geborgenheit vieles andere überlagert hatten – zum Beispiel meine Bedürfnisse nach Autonomie, Kreativität und Freiheit. Die sind dann einfach unter den Tisch gefallen – gefesselt und geknebelt.

Um beim Tango das Gleichgewicht zu halten, muss ich fähig sein, immer wieder in meine Mitte zurückzufinden. Beim Giraffentango bedeutet das, sowohl mit meinem Bedürfnis nach Zugehörigkeit als auch mit meinem Bedürfnis nach Autonomie verbunden zu sein und die Spannung zwischen diesen beiden Polen immer wieder auszubalancieren. Genau wie beim Tanzen ist es ein dynamisches Gleichgewicht, das heißt, ich verliere es und gewinne es wieder – und verliere es und gewinne es wieder ...

Um beim Tango das Gleichgewicht zu halten, muss ich immer wieder in meine Mitte zurückfinden. Beim Giraffentango bedeutet das, sowohl mit meinem Bedürfnis nach Zugehörigkeit als auch mit meinem Bedürfnis nach Autonomie verbunden zu sein und die Spannung zwischen diesen Polen immer wieder auszubalancieren.

Wunden heilen statt
Waffen schmieden

Mich berührt immer wieder besonders, wenn im Verlauf eines Klärungsgespräches beide Partner zu fühlen, zu begreifen und auszudrücken beginnen, wie die Not der aktuellen Erfahrung von alten Wunden herrührt.

Mit dieser Bewusstwerdung fangen wir an, uns von der Gewaltherrschaft unseres verurteilenden Denkens – über unsere Partner und uns selbst –, also von unserem inneren Wolf, zu distanzieren. Wir beginnen, uns fürsorglich dem eigentlichen »Feind«, nämlich der Angst, der Trauer, der Verlassenheit unseres inneren Schafs, zuzuwenden. Dann können wir unseren alten Schmerz endlich in unseren Herzen bergen, statt daraus Waffen zu schmieden, mit denen wir uns gegenseitig bekämpfen.

Wenn unser Partner zum eiskalten Giftschleuderer wird oder unsere Partnerin zur bedrohlichen Monsterfratze mutiert, können wir uns entscheiden, uns die Situation innerlich bewusst zu machen, um in unserem aktuellen Erleben die Widerspiegelung unserer alten Albträume zu sehen und ihnen zu begegnen. Mit dieser Entscheidung beginne ich, die optische Täuschung zu durchschauen, dass mein Partner der Grund für mein Leiden ist, und den feinen Unterschied zwischen Auslösern und Ursachen zu berücksichtigen. Ich entscheide mich, mich nicht mehr von den Gespens-

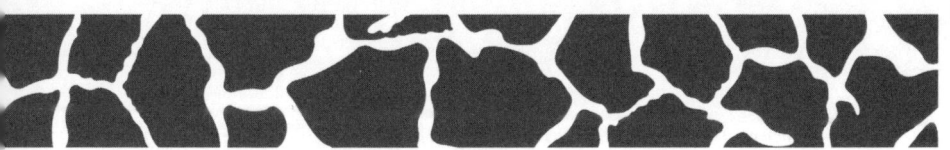

tern der Vergangenheit beherrschen zu lassen, sondern die frische Luft, das warme Leuchten meiner liebevollen Giraffenkraft tief einzuatmen und es durch meine unbeirrte Konzentration darauf zu stärken. Dann vermag ich vielleicht, die weiße Fahne des Friedens zu schwenken und meinem Partner zuzurufen: »Ich bin nicht dein Feind! Ich bin in Not und bitte dich um deinen Beistand.« Oder es gelingt mir sogar ein Zuspruch wie: »Ich bin nicht dein Feind! Ich sehe aber, dass du in Not bist und meine Liebe brauchst.«

Uns auf diese Weise wechselseitig verletzlich und bedürftig zu zeigen bewirkt, dass Vertrauen und Liebe sich hervorwagen und langsam wachsen können. Statt die alten Wunden im angstgetriebenen Verteidigungskampf immer wieder aufzureißen, können wir die Chance ergreifen, uns in eigener und gegenseitiger Fürsorge liebevoll zu umsorgen. In einer solchen Ausrichtung kann ich mich rückhaltlos für das Abenteuer der Begegnung mit mir selbst und meinem Partner öffnen – statt weiter aus der Deckung des Schützengrabens von damals herauszufeuern und die Lebendigkeit und Fülle der unmittelbaren Begegnung ängstlich zu vermeiden, weil darin neben allem Glück auch mein Schmerz, meine Ohnmacht, meine Verlassenheit von damals wiederbelebt werden.

Unsere Partnerschaften bergen den Samen, die Liebe zu erleben, nach der wir uns schon ein Leben lang sehnen. Allerdings verläuft dieser Weg anders, als wir ihn uns in unseren Kinderträumen vorgestellt haben. Er verlangt von uns, was wir uns von unseren Eltern vergeblich erhofft haben: uns selbst mit allem, was uns ausmacht, zu begegnen und uns damit anzunehmen.

Es gibt einen Unterschied zwischen Auslöser und Ursache. Die aktuelle Erfahrung wirkt als Auslöser für alte schmerzhafte Erfahrungen. Sie ist wie ein Zündfunke, der in ein bereitstehendes Pulverfass fällt. Wir können uns entscheiden, in unserem aktuellen Erleben die Widerspiegelung unserer alten Not zu sehen und sie aufzulösen.

»Im Leben gibt es keine Lösungen.
Nur Kräfte, die in Bewegung sind.
Man muss sie erzeugen und
die Lösungen werden folgen.«

Antoine de Saint-Exupéry

Wenn wir anfangen, aus unseren blinden Reiz-Reaktions-Mechanismen aufzuwachen und unseren Giraffenhals aus dem Wolfssturm oder der Schafslähmung zu recken, werden wir uns als Erstes bewusst, wie oft wir aufgebracht und wütend sind oder uns ängstlich, ohnmächtig, handlungsunfähig fühlen. Dann gilt es, unsere innere Giraffe mit Kraftnahrung zu versorgen.

Um die vorgestellten Kraftquellen in ihrem ganzen Potenzial zu genießen, ist ein bisschen Übung erforderlich, aber es macht so viel Freude, dass dein Schaf und dein Wolf hoffentlich schon bald genauso versessen darauf sein werden wie meine. Unsere Aufmerksamkeit ist die stärkste Kraft, die wir einsetzen können – und worauf wir sie richten, macht den Klang, den Geschmack, die Farbe unseres ganzen Lebensgefühls aus.

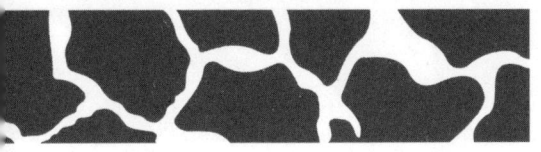

Krafterfahrung

Hier kommt ein Kraftbad für die Seele – meine aktuelle Lieblingsstärkung. Ich beschreibe den Prozess wie in Zeitlupe gedehnt, damit du ihn genüsslich nachvollziehen kannst, aber mit ein bisschen Praxis erfordert er nur wenige Minuten.

Um meine Präsenz zu stärken, wende ich mich zunächst meinem Atem zu. Atme ich noch? ... Aha, ja! Da ist er – mein Atem, mein unverbrüchlich zuverlässiger Verbündeter. Ich bemerke die Kühle der Luft beim Einatmen an meinen Nasenflügeln und spüre im Hals, wie sie in meinen Körper einströmt und meine Brust und meinen Bauch weit macht. Ich fühle, wie die Luft wieder ausströmt und mein Körper sich sanft zusammenzieht.

Als Nächstes vergegenwärtige ich mir meine Füße, genau genommen meine Fußsohlen und meine Verbindung zum Boden. Ich spüre den Boden, die Verbindung nach unten, meine Erdung. Ich lasse mich tragen von diesem Grund, mit dem ganzen Gewicht meines Körpers.

Dann stelle ich mir eine Verbindung vom obersten Punkt meines Kopfes zum Himmel vor. Von oben gehalten, vom Boden getragen, stehe oder sitze ich aufgerichtet zwischen Himmel und Erde. Im wechselnden Strom von Einatmen und Ausatmen bin ich im ständigen Austausch mit dem Universum. Ich bin Teil von etwas, das viel größer ist als ich ..., und ich bin auch dieses Größere. Wenn ich einatme, atmet das Universum in mich aus, und wenn ich ausatme, atmet das Universum mich ein.

Nachdem ich ein paarmal so geatmet habe, vergegenwärtige ich mir vor meinem inneren Auge eine symbolische Kraftszene, die ich vor einiger Zeit während einer Imagination erlebt habe:

Durch einen grünen Urwald voll überquellender Lebenskraft zieht eine Königin inmitten einer Schar tanzender und musizierender Menschen.

Ich spüre ganz körperlich, wie die Souveränität, Üppigkeit und Beschwingtheit dieser Szene in mir erwachen und sich ausbreiten. Dabei sage ich mir innerlich: »Ich bin kraftvoll, beschwingt und souverän!«

Beim Joggen ist mir ein weiteres, diesmal äußeres Bild begegnet, dessen Zärtlichkeit mich mitten ins Herz traf:

An einer Pferdekoppel steht eine Mutter mit einem Kinderwagen, den sie so gekippt hat, dass das Kind die Pferde sehen kann. Die Kleine lacht und jauchzt! Ich bin in meiner Kindheit in Brasilien praktisch auf dem Pferderücken groß geworden und habe dabei oft pures Lebensglück gespürt. Dieses Bild ist für mich ein Ausdruck dafür, wie eine Mutter ihrem Sprössling liebevoll und fürsorglich die kraftvollen, freudigen Aspekte des Lebens zugänglich macht.

Um deinen persönlichen Zugang zur Kraft zu kreieren, kannst du mit eigenen Bildern experimentieren. Es eignen sich sowohl reale Erinnerungen, bei denen du dich mit Fürsorge, Freude und Dankbarkeit bis zum Überfließen satt getränkt fühlst, als auch Bilder aus deiner Fantasie, die in dir eine vital gefühlte Resonanz mit Lebendigkeit, Kraft, Souveränität und Freude wachrufen. Dazu gehören entsprechende Aussagen, mit denen du dich selbst bestärkst. Sätze, die ich auch schon verwendet habe, sind zum Beispiel: »Ich bin ein Geschenk des Lebens«, »Ich bin stark und autonom«, »Ich bin sicher und geborgen.« Wenn du dir dann noch die mit diesem Bild verbundenen Gefühle und Körperempfindungen bewusst vergegenwärtigst, belebst du diese Qualitäten in dir immer stärker.

Du kannst es gleich ausprobieren und selbst so ein wohltuendes Bad in einer Kraftquelle genießen. Nimm einfach die Szene, die dir gerade einfällt; du kannst sie jederzeit weiter optimieren, variieren und dich auch inspirieren lassen von den Imaginationen auf der CD zum Buch; dort gibt es weitere Kraftnahrung.

Wenn dich wieder einmal ein Wolfssturm wegzufegen oder ein Schafsverlies zu verschlingen droht, kannst du dich an dieses Kraftbild erinnern und dich darauf konzentrieren. Damit gewinnst du erneut Zugang zu den Qualitäten, die darin zum Ausdruck kommen, zu Freude, Herzlichkeit, Wohlwollen. Der Giraffengeist lebt wieder in dir, sodass du dich

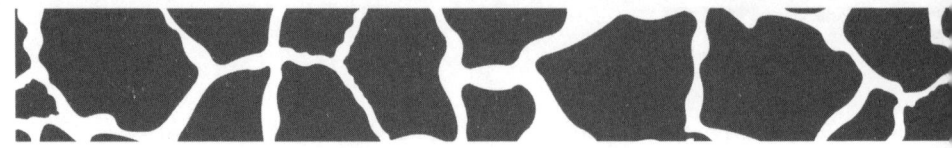

bewusst entscheiden kannst, wie du dich weiter verhalten willst.

Gerade fällt mir auf, dass das Wort »Kraftausdruck« häufig als Synonym für »Schimpfwort« verwendet wird. Erlebe ich Kraft normalerweise eher beim Schimpfen? Ist es ein attraktiver Aspekt des Wölfischen, Kraft zu haben? Ja! Deshalb behalte ich die Kraft auch als Giraffe bei, gebe ihr aber eine neue Tönung. Ich nenne es einen »Kraftausdruck«, wenn ich mich mit Giraffenkraft getränkt äußere: selbstbewusst, herzlich und ohne Energieverlust.

Für deinen persönlichen Zugang zur Kraft eignen sich sowohl reale Erinnerungen, bei denen du dich mit Fürsorge, Freude und Dankbarkeit satt getränkt fühlst, als auch Bilder aus deiner Fantasie.

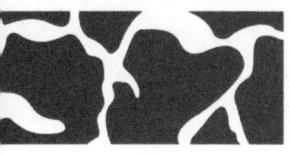

Die innere Haltung macht's

Wie beim Tanzen steht und fällt die Selbstbewusste Kommunikation mit der Haltung. Achtsamkeit, radikale Selbstverantwortung, Empathie und Wertschätzung sind die Kernpunkte: Wenn sie zusammenfließen, steigern sie sich gegenseitig zu einer besonderen inneren Kraftquelle. Auf diese Qualitäten besinne ich mich, wenn ich spüre, dass meine Betroffenheit steigt oder dass gerade ein emotionaler Tornado seine ersten Windböen vorausschickt. Diese Haltung bringt mich zu meinem innersten Wesenskern, sie sind die Koordinaten meines seelischen Heimatortes, zu dem mich mein Giraffenkompass immer wieder hinführt.

Je stabiler ich darin verankert und damit identifiziert bin, umso unbeeindruckter begegne ich der entwertenden Destruktivität eines wütenden Wolfes – sei es durch klare Zurückweisung und Abgrenzung oder mit Mitgefühl – und kann seine gute Absicht würdigen. Genauso kann ich in dieser Haltung ein zerknirschtes Schaf liebevoll ermutigen und die volle Kraft seiner hilflosen Gefühle erleben, ohne in ihrem Sog zu ertrinken. Ich kann die Explosivität und Niedergeschlagenheit von Wolf und Schaf als eindringlichen Hinweis verstehen, dass bestimmte Bedürfnisse in ihnen nach wirksamen Strategien lechzen wie Verdurstende nach dem Wasser. Dann gewinne ich auch selbst Klarheit darüber, was ich brauche, und kann meiner Kreativität freien Lauf lassen, um für Erfüllung zu sorgen.

Diese Haltung einzunehmen ist kein Zustand, sondern eine beständige innere Bewegung, ein Prozess, ein seelischer Stoffwechsel sozusagen.

Was bedeuten nun Achtsamkeit, radikale Selbstverantwortung, Empathie und Wertschätzung?

Achtsamkeit

Achtsam sein heißt, mit meiner vollen Wachheit in der aktuellen Situation, im Hier und Jetzt anwesend zu sein: Ich bin wie das weite Blau des Himmels, und die Gedanken, Gefühle, Körperempfindungen tauchen auf wie Wolken, die vorüberziehen; ich bin der Raum, in dem sich das alles ereignet; ich nehme einfach wahr, was ist, gleichmütig, gelassen, interessiert, ohne danach zu greifen oder es zurückzuweisen, also ohne unmittelbar darauf zu reagieren. Und wenn ich doch mal blind und gewohnheitsmäßig reagiere (was immer wieder geschieht), zum Beispiel indem ich mich oder andere verurteile oder ablehne, werde ich (hoffentlich möglichst schnell) wieder wach und nehme auch das wahr wie eine Wolke, die gerade durch das Himmelblau meines Gewahrseins segelt. In dieser Gelassenheit ändert sich meine Welt, und darin wurzelt die innere Autonomie, aus der heraus ich mich bewusst entscheiden kann, wie ich mich verhalten will.

Radikale Selbstverantwortung

Mit dem Zusatz »radikal« erinnere ich mich daran, dass ich hundertprozentig Verantwortung übernehme für alles, was ich sage, was ich höre, was ich unterlasse, und für mein Verhalten – gleichgültig wie sich mein Partner gebärdet. Ich verwässere die Situation auch nicht durch Gedanken wie: »Es ist nur ›noch nicht‹ gut, aber es wird schon noch.« Es ist, was es ist. Das Hier und Jetzt ist die gültige Wirklichkeit. Kann ich mit offenem Herzen darin verweilen? Ich übernehme auch die Verantwortung, wenn es mir nicht gelingt, mich so zu verhalten, wie mir das am liebsten wäre; ich bedaure es ohne Schuldgefühle und prüfe, was der nächste passende Schritt sein könnte.

Früher war ich der Auffassung, dass beide Partner zu je fünfzig Prozent an einem Konflikt beteiligt sind. Wenn ich mit meinem Partner in einen explosiven Streit geriet, konnte ich denken: »Ich habe meine fünfzig Prozent ja wunderbar friedlich und kooperativ gelebt. Du nicht! Ist doch klar, dass es dann schiefgeht.« Heute ist mir klar, dass ich hundertprozentig zuständig bin für alles, was ich sage, höre, tue und unterlasse, und fünfzig Prozent für die Verbindung.

Genauso bin ich umgekehrt für die Gefühle und Reaktionen meines Partners immer nur der Auslöser. Ich bin weder die Ursache noch bin ich dafür verantwortlich. Allerdings liegt die Entscheidung bei mir, mit welchem

Verhalten ich darauf antworte. Gleichzeitig gilt: Natürlich bin ich auch dafür zuständig, bei meinem Liebsten nicht ohne Not seine mir bekannten empfindlichen Punkte zu drücken, von wegen: »Das ist doch dein Problem, wenn du so empfindlich bist!«, oder: »Ich kann doch nix dafür, wenn du da so leicht auf die Palme gehst!«

Mich selbstverantwortlich zu verhalten heißt, mir über meine Werte und Bedürfnisse klar zu werden, sie mir zuzubilligen und erfolgreiche Wege zu finden, um sie möglichst nahrhaft zu sättigen.

Empathie

Mich empathisch zu verhalten heißt, mich wohlwollend, offen und unvoreingenommen zuzuwenden – mir selbst und meinem Partner, wie ich es oben im Prozessablauf beschrieben habe. Ich sortiere wach, aufmerksam und von Herzen Anteil nehmend entlang den fünf Schritten, was gerade los ist – zunächst im inneren Dialog als Selbsteinfühlung, dann als einfühlsame Vermutung darüber, was meinen Partner bewegt. Im äußeren Gespräch werde ich hellhörig, um die Melodie meines Gegenübers so klar wie möglich zu hören, mich einzuschwingen in das, was in ihm klingt, und ihm bei seiner Selbsterforschung und Selbstmitteilung mitfühlend zu folgen. Im Indianischen gibt es dafür das Bild »in den

Mokassins des anderen gehen«. Ich verlasse für eine Weile meinen eigenen Standpunkt und bin neugierig und wohlwollend bereit, zu erleben und zu verstehen, wie die Situation aus der anderen Perspektive aussieht und sich anfühlt, ohne es mit meiner Interpretation und Bewertung zu färben. Das braucht Entschleunigung (siehe Giraffenfallschirm)!

Wertschätzung

Wertschätzung als innere Haltung bedeutet, mir meines inneren Reichtums, meiner Kostbarkeit unabhängig von aller Leistung gewiss zu sein und entsprechend wohlwollend und respektvoll in die Welt zu schauen – auf mich selbst und auf meinen Partner. Dann kann ich innerlich beim »Es ist, wie es ist« ankommen und es mit offenem Herzen gelten lassen.

Mit wohlwollenden Augen und einfühlsam hellhörigen Ohren verwurzle ich mich in meiner angeborenen Würde. Je stabiler sie zum Zentrum meiner Identität wird, umso weniger Neigung habe ich, andere Menschen wölfisch zu dominieren oder mich schafig in meiner Lebenskraft zu lähmen oder lähmen zu lassen. Ich höre auf, gewalttätig um meine Bedürfnisse zu kämpfen oder in der Rolle des Opferlamms zu versinken, dem das Leben übel mitspielt. Selbstbewusst stehe ich für mich ein und respektiere gleichzeitig meinen Partner als eigenständiges Gegenüber. Würde und Gleichwertigkeit sichern uns in unserem wertschätzenden Tango die Balance.

Die innere Haltung der Selbstbewussten Kommunikation einzunehmen ist kein Zustand, sondern eine beständige innere Bewegung, ein Prozess, ein seelischer Stoffwechsel sozusagen.

Verbales Superfood

Kürzlich ist mir erstmals Superfood begegnet. Das sind Nahrungsmittel mit einer außergewöhnlich hohen Konzentration an Vitalstoffen.

Worte können auf der seelischen Ebene wie Superfood wirken. Dabei leisten mir die fünf Schritte wertvolle Dienste. Ich brauche nicht zu warten, bis die Luft dick wird, um sie einzusetzen. Mit ihrer Hilfe werden auch meine Anerkennung und mein Dank zu verbalem Superfood, das meine Partnerschaft kräftig nährt.

Wertschätzung ist eine zentrale Qualität, die viel Kraft freisetzt – auch und gerade in unseren Partnerschaften. In der Wolfs- und Schafswelt wird Wertschätzung jedoch gerne als Lob ausgedrückt: »Das hast du gut gemacht«, oder noch knapper:»Sehr gut!«Der andere erfährt dabei nicht, worauf mein »Gut« gründet. Mein Lob ist ein abstraktes Tauschmittel – wie Geld. Worin der aktuelle, lebendige Wert für mich liegt, ist dieser Art von Lob nicht unmittelbar zu entnehmen. Ich beurteile den anderen aus meinen Maßstäben heraus, doch ohne etwas über mich zu sagen.

Und dann gibt es Sätze wie:»Du bist handwerklich so viel geschickter als ich. Da ist es für dich doch ein Klacks, schnell das Regal aufzubauen.« Oder:»Du bist doch die Meisterin der Sprache! Kannst du mir nicht mal eben eine Zusammenfassung des Textes mailen?« Lob dieser Art hat einen schalen Beigeschmack. Es ist Lob mit »Zuckerbrot-Funktion«. Der Lobende hat ein Ziel im Blick und will, dass der andere einen bestimmten Beitrag dazu leistet. Seine Wertschätzung ist das Mittel, um jemanden für seine Zwecke zu gewinnen. Nicht der andere als Mensch ist gemeint, sondern er als Werkzeug für das angestrebte Ergebnis. Diese Art von »strategischer, konditionierender Wertschätzung« ist ein gebräuchliches und allgemein anerkanntes Schmiermittel in der Wolfs- und Schafswelt.

Genauso das Wort »Danke!«. Wie oft ist es nur eine konditionierte Floskel, eine konventionelle Höflichkeit, die als soziales Gleitmittel mechanisch abgespult wird, ohne wirklich Erlebtes und Gefühltes auszudrücken. Diese Art von »konditionierter, mentaler Dankbarkeit« gehört ebenfalls eher in die Wolfs- und Schafswelt.

Wie kann ich meine Wertschätzung ohne diese manipulative Funktion ausdrücken? Wie kann ich so danken, dass meine lebendige Erfahrung darin fühlbar mitschwingt? Wie kann ich das Positive herausstellen, würdigen, was mir gefällt, was gut gelaufen ist und worüber ich mich freue? Ganz einfach: mit den bekannten Schritten Beobachtung, Gefühle und Bedürfnisse. Und dass Letztere gerade so wunderbar erfüllt sind, möchte ich feiern! Geteilte Freude ist doppelte Freude. Das ist lebendige Dankbarkeit.

Wenn ich meinem Partner sehr spezifisch sage, welches Verhalten von ihm mein Leben schöner gemacht hat, schenke ich ihm ein differenziertes Bild der Wirkung, die er auf mich hat. Er schaut sozusagen in einen Spiegel, aus dem ihm seine eigene Würde und Liebenswürdigkeit entgegenstrahlen. Er sieht sich mit Facetten seiner selbst, die das Herz warm werden lassen – nämlich mit den Qualitäten, die zu meinem Glück beigetragen haben. Wobei letztlich hier natürlich das Gleiche gilt wie im Zusammenhang mit Konflikten: Der andere löst dieses Glück in mir aus – die Ursache, dass ich es so erlebe, liegt hingegen einzig und allein in mir selbst.

Um meine Wertschätzung und Dankbarkeit auf diese Weise auszudrücken, muss ich mir zunächst bewusst machen, was mich gerade erfreut und zum Leuchten bringt. Insofern ist Wertschätzung ein sehr kraftvoller und beglückender Königsweg, um selbstbewusst – sich seiner selbst bewusst – zu werden.

Ganz besonders gefällt mir daran, dass ich dabei meiner Kreativität auf so lustvolle und satte Weise freien Lauf lassen kann. Die Freude über meine erfüllten Bedürfnisse wird zum kraftvollen Atem, der die Flammen meiner Kreativität entfacht, damit ich das Leben auf vielfältige Weise feiere. Und indem ich das tue, werde ich selbst zu einer lebendigen Verkörperung von Schöpferkraft und Wertschätzung.

Verbales Superfood statt verbalem Fastfood kann sich zum Beispiel so anhören:

Fastfood: »Danke für das Bild, das du mir geschenkt hast! Es ist klasse!«
Superfood: »Ich freue mich sehr, dass du mir eines von deinen Bildern geschenkt hast. Wenn es jetzt in meinem Wohnzimmer hängt und ich es jeden Tag sehe, bist du selbst da und ich fühle mich mit dir verbunden. Das hilft mir, unsere räumliche Trennung zu überbrücken. Und diese gründunklen Farbschattierungen und Strukturen erinnern mich an den Urwald in meiner Kraftimagination und lassen mich diese Vitalität unmittelbar fühlen. Danke!«

Fastfood: »Vielen Dank für deine Aufzeichnungen unseres Gesprächs!«
Superfood: »Ich bin sehr beeindruckt, wie differenziert du das Gesagte wiedergegeben hast. Und ich bin erleichtert, weil du damit eine Grundlage geschaffen hast, auf die wir

uns beziehen können, wenn wir noch mal darüber sprechen. Jetzt habe ich mehr Sicherheit und Zuversicht, dass wir eine konstruktive Lösung finden. Danke!«

Fastfood: »Danke für deine Mail.«
Superfood: »Ich habe mich sehr gefreut über deine Mail mit den beiden Leoparden: dem fauchenden kleinen und dem großen, der dem kleinen über den Kopf leckt. Und über die Idee mit dem Codewort ›Leo‹, wenn bei uns die Luft dick wird. Das spricht meinen Humor und meinen Spieltrieb an. Mein Herz ist ganz warm geworden und ich habe Lust, das auszuprobieren. Danke, dass du dir immer wieder neue Wege ausdenkst, wie wir mit unseren schwierigen Themen umgehen können. Du ermutigst mich damit sehr!«

Hach ja!

Wertschätzung, angelehnt an die fünf Schritte, ist ein sehr kraftvoller und beglückender Königsweg, um selbstbewusst – sich seiner selbst bewusst – zu werden.

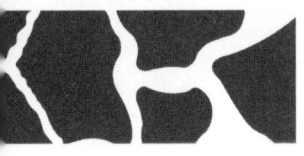

Wertschätzung annehmen

Wie reagiere ich nun auf diese energiegesättigte Wertschätzung, wenn sie mir zuteil wird? Kommt dieses Superfood in jedem Fall an? Kann ich es aufnehmen und verdauen?

Manchmal spüren wir vielleicht gar nichts, zum Beispiel weil wir so häufig getadelt wurden, dass wir uns verschlossen haben. Oder wir fürchten, es könnte sich um Schmeichelei handeln und wir würden manipuliert. Dann reagieren wir irritiert oder gar misstrauisch. Es kann auch sein, dass wir uns in der Tiefe unserer Seele berührt fühlen und gerade deswegen Angst bekommen, zum Beispiel Angst vor unserer eigenen Verletzlichkeit. Dann sagen wir verlegen: »Ist schon gut«, »Ach, das war doch nichts«, »Ist doch selbstverständlich!« Aber vielleicht beginnen wir auch, von innen zu leuchten und zu lächeln. Angekommen – die volle Power! Dann weben wir mit unserer kraftvollen Wertschätzung das kostbare Segeltuch, das unser Beziehungsboot beschwingt über die Wogen gleiten lässt.

Wie prall und selbstverständlich ich Wertschätzung annehmen kann, ist auch abhängig von meinem Empfinden, wie wertvoll ich bin, also von meinem Selbstwertgefühl.

Eine Erfahrung aus lang zurückliegender Vergangenheit hat sich mir besonders eingeprägt. Es war das erste Mal, dass mir die erschreckend zwingende Macht dieses Zusammenhangs bewusst wurde:

Mein Partner hatte mir eine Ayurveda-Massage geschenkt.
Der Gutschein dafür stand auf meiner Fensterbank – monate-
lang. Ich wollte ihn einlösen, wenn ich so richtig in Feierlaune
war. Sooft mein Blick darauf fiel, freute ich mich darauf.

In einem Gespräch warf mir mein Partner irgendwann
völlig unvermittelt vor: »*Meine Geschenke sind dir nichts wert.*
Der Massage-Gutschein vergammelt seit Monaten auf deiner
Fensterbank.« *Ich fiel aus allen Wolken, war diese Unterstel-*
lung doch das Gegenteil meines eigenen Erlebens. Ich erklär-
te, wie es für mich war – und kam damit absolut nicht an. Er
blieb dabei, dass sein Geschenk mir nichts bedeute und dass
ich jetzt nur versuchen würde, mich rauszureden.

Es dauerte geraume Zeit, bis ich verstand: Sein Gefühl
von Wertlosigkeit war so stark, dass ich ihm meine Wertschät-
zung in Form von ausgedehnter Vorfreude gar nicht vermit-
teln konnte. Er blieb dabei, sein Geschenk bedeute mir nichts.

Nachdem sich die Wogen geglättet hatten, fanden wir
in der weiteren Klärung überrascht heraus: Unsere eigentliche
Differenz lag darin, dass für ihn die Wertschätzung seines
Geschenks in der tatsächlichen Durchführung läge, während
sie für mich in gleicher Weise schon in der Vorfreude steckte.
Mit dieser freundlichen Betrachtungsweise war ich gern be-
reit, auch seinen Wunsch zu berücksichtigen und die Massage
innerhalb der nächsten vier Wochen einzulösen.

Mit Wertschätzung ist hier nicht die ausschließliche Beto-
nung des Positiven gemeint. Es geht keinesfalls darum, die

Probleme unter den Tisch fallen zu lassen oder zu verniedlichen, weil wir befürchten, sonst nicht mehr wertschätzend zu sein oder die Beziehung zu belasten. Qualitäten wie Wahrhaftigkeit, Integrität und Autonomie bleiben dann auf der Strecke. Das Problematische gärt unter dem Teppich, vergiftet allmählich die Beziehung und blockiert viel Kraft, die in einem authentischen Gespräch wieder in Fluss gebracht und zur Schubkraft für unser individuelles und gemeinsames Wachstum werden könnte.

Wie prall und selbstverständlich ich Wertschätzung annehmen kann, ist auch abhängig von meinem Empfinden, wie wertvoll ich bin, also von meinem Selbstwertgefühl.

Echte Begegnung

Echte, wirklich gefühlte Wertschätzung, die süß und saftig aus unseren Herzen fließt, wurzelt im tiefen Interesse aneinander, in der Neugier auf mich selbst und meinen Partner: Ich möchte mir und ihm von Herzen offen, unmittelbar und vollständig begegnen. Die Voraussetzung dafür ist die Vertrautheit mit mir selbst oder meine Bereitschaft, mit mir vertraut zu werden. Meine wohlwollende Selbsterforschung ist die Grundlage, um auch meinem Partner in diesem wahrhaftigen, umfassenden Sinn begegnen zu können. Die fundamentale Wertschätzung liegt in meiner inneren Haltung, die sagt: »Ich bin es (mir) wert, dass ich fürsorglich und beharrlich erforsche, was mich innerlich bewegt, was ich fühle, denke, brauche und worum ich bitte. Und du bist es mir wert, dass ich mich dir ebenso fürsorglich zuwende und dir begegne.«

Ich zeige mich dir; ich zeige dir, was schön ist für mich, in welchen Situationen ich beschwingt und berührt mit dir tanzen kann, aber auch, wo ich in Not bin, wo ich stolpere, wo ich mit mir oder dir hadere, wo ich dich verliere und es schwierig für mich wird, den gemeinsamen Weg noch zu sehen. Ich bleibe nicht an der Oberfläche und nicht indifferent. Ich halte mich weder heraus noch ziehe ich mich zurück. Ich bekenne Farbe und ich bin an deiner Farbe interessiert.

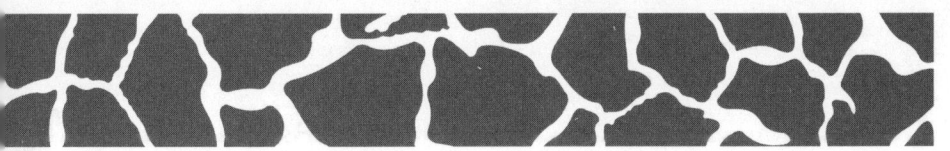

Wie sehr unsere Farben harmonieren, sich ergänzen und sich gegenseitig steigern, wie sehr sie einen herausfordernden Kontrast bilden oder auch eine schrille Dissonanz, wie leicht oder schwierig es jeweils ist, werden wir dabei herausfinden. In diesem Prozess öffne ich mich für die pralle Lebendigkeit und Vielfalt unserer Begegnungsmöglichkeiten. Vielleicht erlebe ich steinige und steile Wegstrecken und finde doch, dass sich die Mühe lohnt und wir den Tanz des Lebens immer kraftvoller und erfüllender miteinander tanzen können. Vielleicht werde ich aber auch erkennen, dass Grundsätzliches nicht zusammenpasst und wir uns wesentliche Bedürfnisse nicht erfüllen können oder wollen.

In diesem Verständnis von Wertschätzung, das tiefe, offene Begegnung meint, liegt auch die Essenz der Selbstbewussten Kommunikation. Ihre Sprache und Hörweise ist dafür die optimale Struktur. Mit Beobachtung, Gefühl, wohlwollendem Denken, Bedürfnissen und Bitten mache ich mir bewusst, was mich bewegt, und bringe es zum Ausdruck. Ich kann meinem Partner sagen, was in mir tanzt – ohne ihn zu verurteilen –, und ich kann hören, was er mir von sich erzählt – auch wenn es manchmal in Urteilen oder Vorwürfen verpackt daherkommt. Das gelingt nicht sofort, nicht immer, nicht vollständig und auch nicht lupenrein. Das gilt es zu üben und zu kultivieren. Und mit jedem Bemühen werde ich etwas wacher und komme mir selbst ein Stückchen näher. Ich spreche von meiner subjektiven Wirklichkeit und nehme mitfühlend Anteil an der subjektiven Wirklichkeit meines Partners. Indem wir dabei unsere Bedürfnisse und Wünsche wechselseitig respektieren und uns zu gleichen Teilen um ihre Erfüllung bemühen, bewegen wir uns im Rhythmus des »Goldenen Paargleichgewichts«: Ich spreche mit dir, indem ich mich auf dich beziehe – und du dich hoffentlich auch auf mich. Ich würdige dich als eigenständiges menschliches Wesen und als Gegenüber auf gleicher Augenhöhe – und du mich auch.

Und wenn es mal nicht gelingt, wenn wir beim Tanzen stolpern, unsere Füße sich verheddern oder wir uns mit blauen Flecken an den Schienbeinen für eine Weile zurückziehen, um unser Einfühlungsvermögen und unsere Achtsamkeit wiederzufinden, dann gehört auch das zu unserem Kurs und ist in meiner Wertschätzung für eine vollständige Begegnung geborgen.

Das ist mein tiefster Ausdruck von Wertschätzung und Achtung: meinem Gegenüber auf diese offene, umfassende, vollständige Weise zu begegnen. Denn Missachtung und Verächtlichkeit beginnen nicht erst, wenn Vorwürfe und Beschuldigungen laut werden, sondern viel früher und subtiler, zum Beispiel wenn ich die Wünsche meines Partners ignoriere oder durch Aussitzen zu erledigen versuche, statt mich damit auseinanderzusetzen, was mich in meinem Inneren daran hindert, sie zu erfüllen. Oder wenn ich seine ganz andere Erfahrung einer Situation als »übertrieben« vom Tisch wische, anstatt mich darum zu bemühen, überhaupt erst zu verstehen, was ihn bewegt.

Und es besteht kein Zweifel daran, dass diese grundlegende Art der Wertschätzung und Achtung, die in unserer Bereitschaft für eine warmherzige, wohlwollende Begegnung liegt, besonders unter stürmischen Umständen eine echte Herausforderung sein kann.

Echte, wirklich gefühlte Wertschätzung, die süß und saftig aus unseren Herzen fließt, wurzelt im tiefen Interesse aneinander, in der Neugier auf mich selbst und meinen Partner.

»Der Unterschied zwischen dem
richtigen Wort und dem beinahe richtigen
ist derselbe Unterschied wie zwischen
dem Blitz und einem Glühwürmchen.«

Mark Twain

Bei meiner intensiven Beschäftigung mit der Selbstbewussten Kommunikation habe ich im Lauf der Zeit einige Erste-Hilfe-Maßnahmen erkannt, mit denen wir die Weichen ins Giraffenland besonders wirkungsvoll stellen können. Sie sind keine Abkürzungen, um sich tiefgründigere Wege zu sparen, denn sie wirken letztlich nur, wenn sie mit unserer herzlichen Giraffenkraft getränkt sind. Dann aber sind es echte Hochpotenzen!

»Pause!«

Falls ein Konfliktgespräch gerade nicht möglich ist – sei es, weil die äußere Situation es nicht erlaubt oder weil wir uns festgefahren haben –, hilft es, eine Auszeit zu vereinbaren.

Angenommen, die Luft wird plötzlich dick, während wir uns in einer Situation befinden, in der eine ausführliche Konfliktklärung unpassend, schwierig oder unmöglich wäre – beispielsweise auf einer Reise oder beim Abendessen mit den Kindern: Dann ist es sinnvoll, entschlossen zu handeln, sobald die ersten Funken aufblitzen, und nicht erst, wenn die Kanonenkugeln fliegen. Auch hier ist in erster Linien Präsenz gefragt, Geistesgegenwart! Also:

1. Autsch!
2. STOPP! Giraffenfallschirm!
3. Pause vereinbaren!

Ich sage dann zum Beispiel zu meinem Partner: »Ich habe den Eindruck, dass hier gerade Zündfunken rumschwirren. Weil ich das Abendessen nicht mit dem Thema belasten will (oder: weil ich den Eindruck habe, wir stecken fest), schlage ich vor, wir lassen es jetzt ruhen und kommen nachher oder morgen Abend darauf zurück. Lass uns eine Pause verabreden! Einverstanden?« Wenn ich diese Pause im Kontakt mit meinem Partner vereinbare, bleiben sowohl die Verbindung als auch die persönliche Autonomie erhalten – die Eckpfeiler der emotionalen Sicherheit in der Beziehung.

»So nicht!«

Wenn ich mit der Selbstbewussten Kommunikation beginne, kann es sein, dass ich gelegentlich einem sehr starken Wolf begegne: in der äußeren Welt oder in meinem eigenen Inneren. Dann merke ich vielleicht, dass meine Giraffe nicht so recht auf die Füße kommt: Schließlich haben wir nur eine bestimmte »Menge« an psychischer Energie – und wenn sie sehr stark wölfisch oder schafig besetzt ist, kann sie nicht gleichzeitig giraffisch klingen. Um meinem mitfühlenden, liebevollen Wesen den notwendigen Entwicklungsraum zu verschaffen, kann es bei einem so machtvollen Wolf zunächst notwendig sein, mich mit einem entschiedenen »So nicht!« von ihm abzugrenzen und zu schützen, statt mit offenherziger Einfühlsamkeit auf ihn einzugehen.

Solange das Kräftegleichgewicht so schief hängt, läuft meine Giraffe sonst Gefahr, zur »Schafshängematte« für den Wolf zu werden. Ich weise den aggressiven, entwertenden, beschuldigenden Wolf in seine Schranken und schütze mich davor, zum »poison absorber«, zum Rußfilter wölfischer Destruktivität, zu werden, wo meine Giraffenkraft noch nicht ausreicht, sie zu transformieren. Damit schaffe ich mir einen sicheren Raum, in dem ich meine Giraffenkraft üben kann, sodass sie immer mehr Power gewinnt. Dann kann ich nach und nach auch die gute Absicht hinter dem Verhalten des Wolfes wohlwollend wahrnehmen.

»Was brauche ich jetzt? – Was brauchst du?«

Wenn der Giraffenfallschirm mal nicht zu reichen scheint; wenn ich es trotz Atmen und Füßespüren nicht schaffe, aus meinem Verteidigungskampf auszusteigen oder meine Selbstanklagen zu beruhigen, können die kurzen, ehrlich empfundenen Fragen »Was brauche ich jetzt?« und »Was brauchst du jetzt?« schlagartig ein anderes Klima schaffen. Ohne weiteren Klärungsprozess versetzen sie mich unmittelbar ins ruhige Auge des Sturms, indem sie uns auf die Bedürfnisse ausrichten, um die es in der Tiefe ja immer geht. Ich stelle die Frage sowohl mir selbst als auch meinem Partner. Und ich freue mich sehr, wenn ich sie zu hören bekomme, versichert sie mir doch, dass ich keine scharfen Reißzähne brauche, um für die Erfüllung meiner Bedürfnisse einzutreten, und dass auch für mein Gegenüber Selbstfürsorge und die Fürsorge für mich wesentliche, gleichwertige Anliegen sind.

»Ich bin nicht dein Feind ...«

... ist ein ähnlicher »Giraffenwecker« wie der Satz: »Was brauchst du gerade?« Allerdings muss die Atmosphäre noch eine Spur Humor zulassen, damit er passt. Da ich eine ausgeprägte Spielfreude habe, deute ich gern pantomimisch an, dass ich ein Schild hochhalte; ich zeige darauf und sage: »Da drauf steht: ›Ich bin nicht deine Feindin!‹« Wenn das im Herzen des anderen landet, kann es ihn berühren und ein warmes Licht anzünden, sodass wir in einer neuen Atmosphäre weitertanzen.

Eine Pause zu vereinbaren, dem Wolf eine Grenze zu setzen, zu fragen, was ich oder der andere jetzt brauchen, oder klarzumachen, dass wir keine Feinde sind – das sind erprobte Erste-Hilfe-Maßnahmen, um ins Giraffenland zu gelangen.

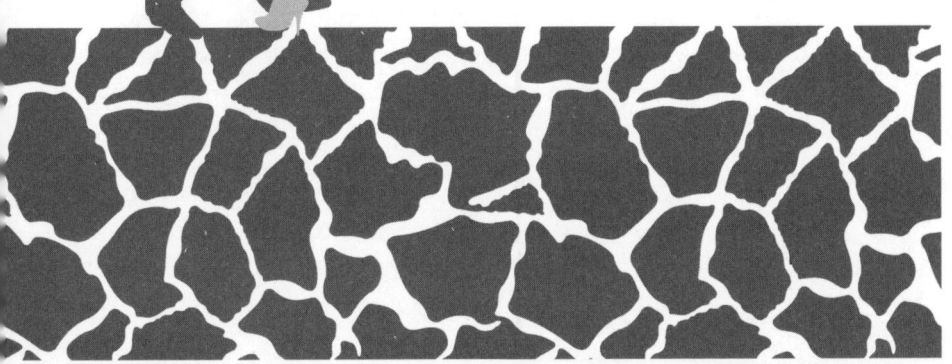

8. WENN DER HIMMEL DIE ERDE KÜSST

»Für unsere Liebe gelten die
Gesetze der Schwerkraft nicht:
Wenn wir uns in die Arme schließen,
öffnen wir uns. Wenn wir loslassen,
finden wir festen Halt.
Wenn wir uns fallen lassen,
fliegen wir Richtung Himmel.«

Unbekannt

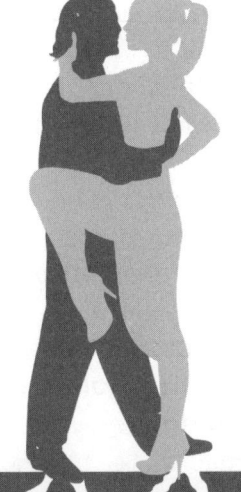

Die Unvollendete

Viele von uns träumen von einer Partnerschaft, in der der Traum von einer wundervollen Liebesbeziehung endlich in Erfüllung geht. Wir träumen davon, unserem Prinzen oder unserer Prinzessin zu begegnen und uns dann *ganz*, getragen, geborgen und so geliebt zu fühlen, wie wir es uns in unseren Träumen ausgemalt haben.

Viele Märchen und Mythen ranken sich um diese Geschichte der beiden Seelen, die sich alleine unvollständig fühlen, dazu bestimmt, einander zu finden, um dann als Liebende gemeinsam ganz zu sein.

Wie die meisten von uns inzwischen wohl ahnen, liegt die Erfüllung jedoch nicht darin, als »idealen Partner« den Prinzen zu finden, der uns auf sein weißes Ross hebt und mit uns davongaloppiert, oder die zarte Prinzessin, die sich aufseufzend in unsere starken Arme schmiegt. Sie liegt vielmehr darin, mich unbeirrt immer wieder neu mit meinen eigenen liebevollsten Kräften zu verbünden und die Gewalt meines wölfischen und schafigen Kampfes in einen warmherzigen, wertschätzenden gemeinsamen Tanz zu verwandeln. »Ideal« ist dann der Partner, der sich genau wie ich bewusst für diesen Weg der Öffnung und Berührbarkeit entschieden hat.Denn gerade in unseren verbindlichen Partnerschaften können wir uns gegenseitig beim Verbinden unserer

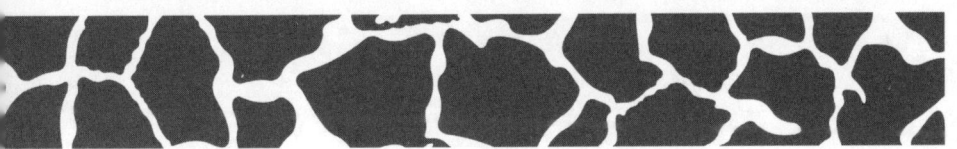

Wunden und unserer Herzen helfen – mit dem Pflaster und der Salbe unserer mitfühlenden Anteilnahme.

Die stürmische Begegnung mit meinem Partner hat unsere Hoffnung auflodern lassen, dass wir miteinander diese tiefe Liebe erleben können, nach der wir uns beide schon unser ganzes Leben lang sehnen. Und natürlich haben wir uns wieder in einen Menschen verliebt, der wie ein Puzzleteilchen zu den emotionalen Mustern passt, die wir in der Beziehung zu unseren Eltern gelernt haben. Obwohl deshalb Konflikte und Enttäuschungen nicht lange auf sich warten ließen, war und ist das kein Grund, Trübsal zu blasen. Diese Konflikte sind die herausfordernden Wachstumsimpulse unserer Seelen, die uns mit ihrer ganzen ursprünglichen Kraft nach Hause rufen. Diese zunehmende seelische Öffnung berührt auch alte, noch nicht verheilte Wunden, die dabei wieder zu schmerzen beginnen. »Du bist der Nagel zu meinem Sarg – und der Köder für meine Auferstehung!«, habe ich vor einiger Zeit scherzhaft zu meinem Liebsten gesagt. Denn ich erlebe, dass wir von einer Kraft getragen sind, in der auch diese Wunden ausheilen können – endlich!

So gleiten wir beide in unserem Tanz, den wir im euphorischen Sturm der Verliebtheit begonnen haben, oft selig und

lustvoll dahin, und zwischendurch straucheln wir immer wieder oder werden von emotionalen Turbulenzen umhergewirbelt. Unser Giraffentango wird nie »vollendet« sein – und das ist gut so. Er ist ein ständiger, höchst lebendiger Prozess, dem wir uns in seiner bunten, vielfältigen, wechselvollen Lebendigkeit hingeben ..., den wir tanzen – von Herzlichkeit beschwingt, voll glühender Begeisterung.

Die Erfüllung liegt nicht darin, den »idealen Partner« zu finden. Sie liegt darin, mich unbeirrt immer wieder neu mit meinen eigenen liebevollsten Kräften zu verbünden und die Gewalt meines wölfischen und schafigen Kampfes in einen warmherzigen, wertschätzenden gemeinsamen Tanz zu verwandeln.

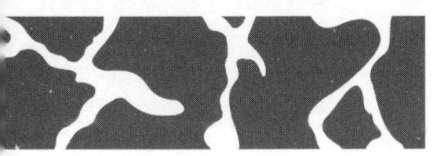

Unterm Kronleuchter

Je mehr wir uns im Giraffen-Dasein üben, desto mehr lösen sich im Dialog mit Wolf und Schaf unsere starren Verhaltensmuster auf und es wird Licht in unserem Inneren. Der Raum, in dem ich meinem Liebsten begegne, erstrahlt zunehmend im warmen Leuchten unserer Würdigung und Wertschätzung und wird zu einem Ballsaal, in dem wir selbstbewusst und schwungvoll miteinander tanzen.

Hier ein Beispiel für einen von Tänzerin und Tänzer liebevoll, hellhörig und beschwingt getanzten Giraffentango. Die Situation hätte es nach landläufigem Verständnis allemal hergegeben, sich in wütenden Anschuldigungen und erniedrigenden Selbstanklagen zu ergehen. Doch Luis und Iris zeigen, wie sich selbst unter schwierigen Umständen ein meisterhafter Giraffentango tanzen lässt:

Luis und Iris sind auf dem Heimweg. Im Vorbeifahren will Luis schnell noch etwas im Büro abgeben. Er steigt aus, Iris bleibt im Auto sitzen. Beim Davoneilen drückt er die Fernbedienung und verschwindet um die Ecke. Iris ist irritiert, fragt sich, ob sie jetzt eingeschlossen im Wagen sitzt. Als sie spontan versucht, die Tür zu öffnen, geht das markerschütternde Jaulen der Alarmanlage los. Ihr fährt der Schreck in die Glieder – und ihre inneren Wölfe toben mit der Alarmanlage um die Wette:

»Oh nein, das darf doch wohl nicht wahr sein! Der ist ja komplett neben der Spur! Mich einzuschließen! Wo hat der denn seine fünf Sinne?«

Passanten schauen aufgeschreckt zum Auto – was Iris zusätzlich peinlich ist. In einer spontanen Fantasie sieht sie sich die Scheibe einschlagen. Die Vorstellung entlastet sie ein wenig. Indem sie ihren inneren Wölfen ihren Lauf lässt und ihnen zuhört, gewinnt sie langsam Abstand und erinnert sich an ihre Giraffenkraft. Sie beschließt, mit dem Fenstereinschlagen gnädigerweise noch ein wenig zu warten – Luis müsste jeden Augenblick zurück sein – und in der Zwischenzeit die Situation für eine Übung in Präsenz und Einfühlsamkeit zu nutzen. Sie kommt bei ihrem Atem an. Erdung, Aufrichtung, Getragensein ..., ihr Kraftbild ...

»Also, was genau ist los? Luis hat die Türverriegelung bedient und damit offenbar die Alarmanlage eingeschaltet, die losgeht, sobald ich mich bewege. Ich bin total wütend, dahinter fühle ich mich ohnmächtig. Unerträglich ohnmächtig. Und eingesperrt. Ich brauche jetzt Gelassenheit, Verständnis ... und Handlungsfähigkeit. Und in der Tiefe geht es natürlich um Freiheit! Um Autonomie, um die Fähigkeit, mich selbstbestimmt zu verhalten. Wie kann ich jetzt dafür sorgen? Welche Bitte habe ich? Was will ich tun? Doch die Scheibe einschlagen? Von den Passanten die Polizei rufen lassen? Meine Übung in Präsenz fortsetzen?«

Während sie noch ihre Optionen abwägt, kommt Luis um die Ecke. Sie bewegt sich unwillkürlich – sofort blinkt und *jault die Alarmanlage wieder los. Luis zuckt zusammen, schaltet sie aus der Entfernung sofort aus und spurtet zum Auto. Er öffnet die Tür auf Iris' Seite, schaut sie an und erfasst mit einem Blick ihren Zorn und ihre Verstörung. Er greift nach ihrer Hand und zieht Iris sanft aus dem Auto:* »Komm erst mal raus! Das muss ja schrecklich gewesen sein.«

Er nimmt sie in die Arme – worauf ihr die Tränen in die Augen schießen. Luis' mitfühlendes Verhalten wirkt erlösend. Und erst jetzt wird Iris das Ausmaß ihres inneren Stresses richtig bewusst.

Luis: »Du bist sicher furchtbar erschrocken! In diesem penetranten Getute und Geblinke zu sitzen und nichts tun zu können ... Es tut mir leid, dass ich so gedankenlos war, die Türen zu verriegeln.«

Iris beruhigt sich allmählich: »Ja, es war furchtbar! Und ich hätte dich auf den Mond schießen oder die Scheiben einschlagen können, so wütend war ich auf dich.«

Luis: »Du warst im totalen Aufruhr.«

Iris: »Und wie! Ich habe mich so ohnmächtig und eingesperrt gefühlt. Einfach unerträglich! Und dann bist du ewig nicht gekommen. Ich hätte ausrasten können! Du wolltest doch nur etwas abgeben. Dafür braucht man eigentlich nur ein paar Minuten.«

Luis: »Ich verstehe. Du hast dich darauf verlassen, dass ich gleich wieder da bin, so wie ich es gesagt hatte. Und dann habe ich so viel länger gebraucht. Das hat sicher alles noch schlimmer gemacht.«

Iris: »Ja. Deine Anteilnahme hilft mir sehr, diesen Aufruhr zu verdauen. Danke, dass du dich mir so liebevoll zuwendest! Und ich merke gerade, es stecken auch alte Geschichten dahinter, dass mich das so aufregt. Mein Vater hatte die Angewohnheit, uns Kinder im Auto sitzen zu lassen und zu sagen: ›Ich geh nur mal schnell ...‹, oder: ›Ich bin gleich wieder da!‹, und dann kam er ewig nicht mehr wieder. Das hat mir oft Angst gemacht.«

Luis: »Für ein kleines Mädchen ist das auch überhaupt nicht einschätzbar.«

Iris: »Erst jetzt wo wir so darüber sprechen, merke ich, dass mein innerer Aufruhr viel größer war, als ich es aus meiner erwachsenen Perspektive für die Situation angemessen finde. Wenn ich mir vorstelle, dass ich die Fantasie hatte, die Scheiben zu zerschlagen ...«

Luis: »Oh, oh, da bin ich ja froh, dass du das nicht gemacht hast.«

Iris: »Und jetzt ist es für mich auch wieder gut. Shit happens.«

Luis: »Okay, dann bin ich erleichtert.«

Iris: »Und ich möchte gern hören, wie es dir geht.«

Luis: »Na ja, allmählich ist es wieder okay. Ich bin ziemlich erschrocken, als ich um die Ecke kam und das Auto plötzlich anfing zu blinken. Mir war gleich klar, was passiert ist. Und ich hab gespürt, wie sehr es dich mitgenommen hat. Ich möchte doch nichts tun, wodurch es dir schlecht geht! Ich habe mich geärgert, dass ich so gedankenlos bin und mir so ein Fehler überhaupt unterläuft. Das nehme ich mir richtig übel!«

Iris: »Das hört sich ja heftig an. Fällt dein innerer Wolf gerade gewaltig über dich her?«

Luis: »Stimmt, das fällt mir im Moment erst auf: Der putzt mich wieder mal richtig runter. Und bei seiner Bissigkeit wird's meinem Schaf ganz flau; das sitzt völlig zusammengefaltet und schuldbewusst in der Ecke.«

Iris: »Es braucht sicher ermutigenden Beistand.«

Luis: »Ja, es wirkt schon, dass ich darauf aufmerksam werde und so klar und gelassen Stellung beziehe. Ich merke, ich richte mich irgendwie auf, fühle mich wieder ganz bei mir – und kraftvoll.«

Iris: »Klasse!«

Luis: »Und ich bedaure, dass du durch meine Schusseligkeit in so einer unangenehmen Situation warst.«

Iris: »Es berührt mich sehr, wie wir das gemeinsam hingekriegt haben. Aber sag mir doch: Warum hat es so lange gedauert, bis du zurückkamst?«

Luis: »Na ja, kaum bin ich ins Büro gekommen, hat mich gleich ein Hammer getroffen. Aber das ist jetzt erledigt. Ich erzähle es dir nachher beim Essen.«

Iris: »Okay. Ein Glück, das haben wir gut gemacht. Und ich bin ziemlich froh, dass die Scheiben noch heil sind.«

Ja, so klingt ein Gespräch, bei dem uns die Kraft, uns wohlwollend und »vollflächig« zu begegnen, unbeirrt unterstützt. Der Giraffengeist erklingt und wir können unsere Selbstverurteilungen und den Schmerz alter Wunden endlich in unser Herz nehmen und damit endgültig heilen. Dann wird unser gemeinsamer Tanz weder durch Vermeidung in enge Grenzen gepresst noch durch die optische Täuschung verwirrt, dass der andere der Verursacher meines Leidens sein könnte.

Dann tanzen wir den Giraffentango in immer neuen Variationen – schwungvoll und kreativ in munter sprudelnder Lebendigkeit.

Wenn wir immer mehr in unseren Selbstwert hineinwachsen, wandeln sich die starren Verhaltensmuster von Wolf und Schaf zum selbstbewusst und schwungvoll miteinander getanzten Giraffentango.

»Mein Ort ist, wo du mich ansiehst,
wo unsere Augen sich begegnen, entstehe ich.«

Hilde Domin

Wie sehr mich meine Sehnsucht nach einer erfüllten Liebesbeziehung zunächst noch einmal in den Nebel wölfischen Giftes und schafiger Not führen würde, hatte ich nicht ermessen. Die in meinem Inneren sehr lebendige Giraffenkraft war auf dem Tanzplatz unserer Beziehung ungeahnten Feuerproben ausgesetzt. Der stabil geglaubte Tanzboden mit meinem Partner zerfloss in den äußerst schmerzhaften Erfahrungen, die dieser Tanz immer wieder in mir auslöste, wie eine Fata Morgana. Wenn ich bei Windstärke 4 gut surfen kann, heißt das eben nicht, dass ich auch bei Windstärke 10 schon sicher auf dem Board stehe. Auch diese Brüche in unsere Liebe aufzunehmen, war ein herausfordernder Prozess. Es ist ein kostbares Geschenk, dass mir meine Giraffenkraft inzwischen leicht erreichbar bleibt, selbst wenn wir gelegentlich noch in giftigsten Wolfsdämpfen umherstolpern; ein Geschenk, dass ich meinem Schaf dann mitfühlend und zuverlässig einen festen Halt geben kann, statt ihm ins Schmerzverlies zu folgen. Als Giraffe aufzuwachen im immer neuen Balanceakt zwischen Wolf und Schaf, sodass die beiden in meinem Herzen aufgehoben sind – das ist der Tanz, der mich läutert, stärkt und zu tiefem Glück befreit. Wo das gelingt, wird die Begegnung mit meinem Liebsten leicht und lustvoll und öffnet sich zu einem tiefen, weiten, stillen Raum.

»Man sagt, die Liebe öffnet eine Tür von einem Herzen zum anderen. Doch wo es keine Mauern gibt, wo soll dann eine Tür sein?« (Rumi)

Das Licht nimmt zu, meine überquellende Lebensfreude sprudelt und lädt zum Tanzen ein. Fest verankert in meiner eigenen Achse, aufgerichtet zwischen Himmel und Erde, getragen vom Rhythmus und der Melodie des Giraffengeistes: Das lässt mich immer beständiger und kraftvoller im warmen Leuchten meiner Liebesbeziehung tanzen – in mir und mit meinem Liebsten –, im feinfühligen Giraffentango durch Himmlisches und Höllisches, ganz hier auf der Erde.

Für alle Felle:
Der »Giraffenkompass«
für die Brieftasche

Zum Kopieren! Damit du den Giraffenkompass zu Hause an den Spiegel oder Kühlschrank hängen, ihn im Portemonnaie immer dabeihaben, als Lesezeichen verwenden oder ihn verschenken kannst – oder ...?

1. Autsch!
Ich merke, ich fühle mich unwohl oder etwas hat mich getroffen.

2. STOPP!
Giraffenfallschirm! Innehalten! Bewusst werden!

3. Giraffenkraft aufladen!
Atmen! Füße spüren! Zu mir kommen!

4. Innerer Dialog
- Ich verbinde mich in den fünf Schritten fürsorglich mit mir selbst.
- Ich vermute entlang den fünf Schritten wohlwollend, wie es dir geht.

5. Äußerer Dialog
Ein hin und her schwingender Tanz von Sprechen, Hören, Übersetzen und Gehörtwerden:

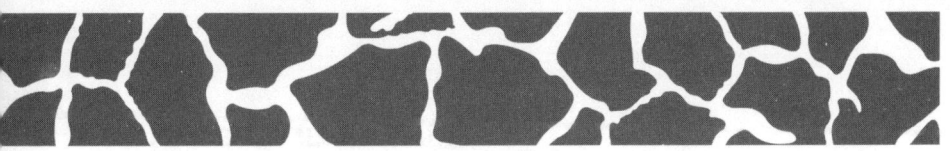

- Ich entscheide mich, wohlwollend und unvoreingenommen zuzuhören.
- Ich äußere mich im Sinne der fünf Schritte.
- Ich übersetze Vorwürfe, Bewertungen und Selbstanklagen in Gefühle und Bedürfnisse.
- Ich gehe freundlich mit mir um, auch wenn mir
diese Übersetzung nicht (vollständig) gelingt.

Die sprachlichen Formeln, mit denen ich meine Aufmerksamkeit lenke, sind:

1. Beobachtung:
   »Wenn ich sehe/höre ...,
2. Wohlwollendes Denken:
   ... denke ich ...
3. Gefühle:
   ... und fühle mich ...,
4. Bedürfnisse:
   ... weil ich ... brauche.
5. Bitte (an mich und/oder den anderen):
   Bitte ...!«

Kurz und knackig –
Merksätze zum Giraffentango

Als komprimierte Essenz habe ich die Merksätze zusammengestellt, die am Ende der einzelnen Kapitel stehen: zur Erinnerung, als Überblick, als Gedächtnisstütze, zur Besinnung in der Meditation, als schnellen Zugang, wenn du zu einem Aspekt noch einmal nachlesen willst:

• Wenn wir die Art, wie wir in der Partnerschaft miteinander sprechen und einander zuhören, erforschen, wird offenbar, welche kraftzehrende Gewaltherrschaft in uns selbst steckt. S.16

• Ich bin in der Kommunikation nicht nur für das verantwortlich, was ich sage, sondern auch für das, was ich höre. S.22

• Um zu erfahren, was der andere von sich mitteilen will, muss ich mich zunächst entscheiden, zuzuhören. S.25

• Die Ursache vieler Missverständnisse liegt in der Differenz zwischen dem, was jemand sagt, und dem, was ich höre. S.29

• Wirklich zuhören heißt, zu einem Resonanzraum zu werden, der lebendig mitschwingt mit dem, was jemand von seinem Erleben erzählt. S.33

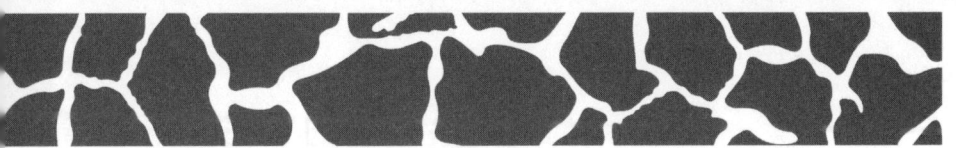

- Ich konzentriere mich darauf, was mir mein Gegenüber von sich erzählen will, und trenne meine innere und äußere Reaktion säuberlich davon. S. 36

- Wolfssprache ist auf Dominanz ausgerichtet. S. 44

- »Mit Schafsohren hören« heißt, dass ich mich selbst schuldig fühle oder schäme und mich für ungenügend, wertlos und schlecht halte. S. 48

- Die Giraffe lebt aus einer Haltung der Achtsamkeit, radikalen Selbstverantwortung, Wertschätzung und Einfühlung. S. 56

- Meinen inneren sowie meinen äußeren Dialog in die Bereiche Beobachtung, Denken, Gefühl, Bedürfnis, Bitte zu ordnen, unterstützt meinen Kontakt zu mir selbst und zum anderen. S. 71

- Der entscheidende Schritt, um aufkommende dicke Luft zu entspannen, liegt darin, möglichst frühzeitig aus dem Reiz-Reaktions-Mechanismus aufzuwachen, mir darüber klar zu werden, was gerade in mir los ist, und mich bewusst zu entscheiden, wie ich mich nach außen verhalten will. S. 88

- Die erbitterten äußeren Kämpfe werden überflüssig, wenn wir uns ein Herz fassen und uns neugierig und wohlwollend unserem Inneren widmen. S. 99

- Unser verurteilender Wolf verändert sich im Dialog und wird zum Verbündeten. S. 104

- Indem wir eine Beziehung zu Wolf und Schaf aufnehmen, befrieden wir den Kampf in unserer Seele. S. 109

- Mit jedem Einfühlungsprozess läutere ich meine Gedanken und öffne mein Herz. S. 114

- Um beim Tango das Gleichgewicht zu halten, muss ich immer wieder in meine Mitte zurückfinden. Beim Giraffentango bedeutet das, sowohl mit meinem Bedürfnis nach Zugehörigkeit als auch mit meinem Bedürfnis nach Autonomie verbunden zu sein und die Spannung zwischen diesen Polen immer wieder auszubalancieren. S. 121

- Es gibt einen Unterschied zwischen Auslöser und Ursache. Die aktuelle Erfahrung wirkt als Auslöser für alte schmerzhafte Erfahrungen. Sie ist wie ein Zündfunke, der in ein bereitstehendes Pulverfass fällt. Wir können uns entscheiden, in unserem aktuellen Erleben die Widerspiegelung unserer alten Not zu sehen und sie aufzulösen. S. 124

- Für deinen persönlichen Zugang zur Kraft eignen sich sowohl reale Erinnerungen, bei denen du dich mit Fürsorge, Freude und Dankbarkeit satt getränkt fühlst, als auch Bilder aus deiner Fantasie. S. 130

- Die innere Haltung der Selbstbewussten Kommunikation einzunehmen ist kein Zustand, sondern eine beständige innere Bewegung, ein Prozess, ein seelischer Stoffwechsel sozusagen. S. 136

- Wertschätzung, angelehnt an die fünf Schritte, ist ein sehr kraftvoller und beglückender Königsweg, um selbstbewusst – sich seiner selbst bewusst – zu werden. S. 140

- Wie prall und selbstverständlich ich Wertschätzung annehmen kann, ist auch abhängig von meinem Empfinden, wie wertvoll ich bin, also von meinem Selbstwertgefühl. S. 143

- Echte, wirklich gefühlte Wertschätzung, die süß und saftig aus unseren Herzen fließt, wurzelt im tiefen Interesse aneinander, in der Neugier auf mich selbst und meinen Partner. S. 147

- Eine Pause zu vereinbaren, dem Wolf eine Grenze zu setzen, zu fragen, was ich oder der andere jetzt brauchen, oder klarzumachen, dass wir keine Feinde sind – das sind erprobte Erste-Hilfe-Maßnahmen, um ins Giraffenland zu gelangen. S. 152

- Die Erfüllung liegt nicht darin, den »idealen Partner« zu finden. Sie liegt darin, mich unbeirrt immer wieder neu mit meinen eigenen liebevollsten Kräften zu verbünden und die Gewalt meines wölfischen und schafigen Kampfes in einen warmherzigen, wertschätzenden gemeinsamen Tanz zu verwandeln. s. 156

- Wenn wir immer mehr in unseren Selbstwert hineinwachsen, wandeln sich die starren Verhaltensmuster von Wolf und Schaf zum selbstbewusst und schwungvoll miteinander getanzten Giraffentango. s. 162

Von ganzem Herzen DANKE!

für Begleitung, Unterstützung, Glaube, Ermutigung und Inspiration! Ohne euch hätte dieses Buch nicht das Licht der Welt erblickt.

Dr. Marshall B. Rosenberg –
für Wolf und Giraffe und die vier Schritte der Gewaltfreien Kommunikation, auf denen die Selbstbewusste Kommunikation aufbaut.

Konrad und Karin vom KOHA-Verlag −
für ihr unerschütterliches Vertrauen, dass das Bergauf und
Bergab meines inneren und äußeren Prozesses während des
Schreibens zu guter Letzt in ein wunderbares Buch voller
Leichtigkeit und Tiefgang münden würde; für die vielen Mo-
nate ihrer gleichermaßen ermutigenden wie frei lassenden
Begleitung.

Nayoma, meiner Lektorin −
für ihr weit über ein übliches Lektorat hinausreichendes
Herzensengagement; für ihre unbestechliche Art, meinen
Überschwang auf die Essenz zu bändigen; dafür, dass sie
mich immer wieder herausgefordert hat, das, worum es mir
geht, auf den Punkt zu bringen; für ihre grandiose Fähigkeit,
durch Struktur Prägnanz zu schaffen.

Beat, meinem Liebsten −
für seine beharrliche Bereitschaft, den manchmal himmel-
hoch jauchzenden, manchmal entsetzlich betrüblichen,
immer prall lebendigen Giraffentango mit mir zu tanzen;
für seine erfindungsreiche Initiative, mich auf vielen Ebenen
immer wieder mit exquisiten sinnlichen Genüssen zu be-
schenken; für seinen unermüdlichen Einsatz, mit dem er
erholsame Inseln geschaffen hat, in denen wir in unserem
Prozess wachsen konnten; für seine überaus großzügige
finanzielle Geburtshilfe, mit der er dieses Buch in die Welt
hinein einlädt und seinen Weg begleitet.

*Meinen Freundinnen Margit, Carole, Christine und Bina
sowie meinen Freunden Edgar und Michael –*
dafür, dass auch sie den Giraffentango mit so viel Enthusias-
mus tanzen und ihr Seelenreich erforschen; dafür, dass sie
mir davon erzählen und mir zuhören und wir aus ganzem
Herzen aneinander Anteil nehmen auf diesem Weg.

Den Menschen, die zu mir ins Coaching kommen –
für ihren Mut und ihr Engagement, mit dem sie sich ihrem
Wachstum öffnen; für ihr Vertrauen in meine kompetente
Begleitung und ihren inneren Prozess.

*Den Gruppenteilnehmerinnen und -teilnehmern unserer
Seminare, Trainings und Ausbildungen –*
für den kraftgetragenen, geschützten, humorvollen Raum,
den wir gemeinsam schaffen; für die Vielfalt unserer Wölfe,
Schafe und Giraffen, als die wir uns erfahren und uns begegnen; für die Ausrichtung am Giraffe-Sein und die Freude an
diesem Übungsweg, auf dem wir miteinander lernen.

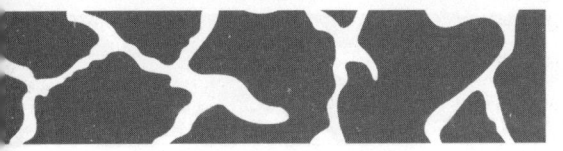

Serena Rust ...

... ist Seminarleiterin, Einzel- und Paarcoach sowie Autorin. Schwerpunkte ihrer beruflichen Tätigkeit sind Seminare und Trainings zur Gewaltfreien Kommunikation sowie Coachings für Einzelne und Paare.

Ihre Vision ist eine in Achtsamkeit gründende herzliche Verständigung, in der Einzigartigkeit und Gemeinschaftsgeist blühen. »Help yourself to help others! – Hilf dir selbst, um anderen zu helfen!«, steht unter diesem Bild.

Liebe Leserin, lieber Leser,
mehr über mich und meine Arbeit findest du auf meiner Homepage:
www.serena-rust.de
www.gewaltfrei-frankfurt.de

Wenn du Lust hast, Verbindung mit mir aufzunehmen – ich freue mich über deine Rückmeldungen, Vorschläge, Anfragen und Anregungen!
Kontakt: look@serena-rust.de

Literaturhinweise

Biddulph, Steve: *Männer auf der Suche – Sieben Schritte zur Befreiung*, Heyne, 2003

Böschemeyer, Uwe: *Unsere Tiefe ist hell – Wertimagination, ein Schlüssel zur inneren Welt*, Kösel, 2005

Haack, Sven-Joachim: *Das Gebet der Stille – Eine Hinführung zur Kontemplation*, Kaufmann, 2010

Holler, Ingrid: *Trainingsbuch Gewaltfreie Kommunikation*, Junfermann, 2003

Jellouschek, Hans: *Wie Partnerschaft gelingt – Spielregeln der Liebe*, Herder, 1998

Jellouschek, Hans: *Achtsamkeit in der Partnerschaft – Was dem Zusammenleben Tiefe gibt*, Kreuz, 2011

Kane, Ariel und Shya: *Das Geheimnis wundervoller Beziehungen durch unmittelbare Transformation*, Windpferd, 2005

Möller, Michael Lukas: *Die Wahrheit beginnt zu zweit*, rororo, 1992

Rosenberg, Marshall: *Gewaltfreie Kommunikation – Eine Sprache des Lebens*, Junfermann, 2001

Thomann, Christoph: *Klärungshilfe 2*, rororo, 2004

Welwood, John: *Vollkommene Liebe – und wie sie vielleicht sogar in einer Beziehung gefunden werden kann*, Arbor, 2007

Widmer, Samuel: *Ins Herz der Dinge lauschen – Vom Erwachen der Liebe*, Nachtschatten, 2000

Wittemann, Artho S.: *Die Intelligenz der Psyche – Wie wir ihrer verborgenen Ordnung auf die Spur kommen*, Kösel, 2007